云南文史书系

滇文化沉思录

余嘉华 著

生活·讀書·新知 三联书店

图书在版编目（CIP）数据

滇文化沉思录 / 余嘉华著. —北京：生活 · 读书 · 新知三联书店，2014.10
（云南文史书系）
ISBN 978 – 7 – 108 – 05110 – 3

Ⅰ. ①滇…　Ⅱ. ①余…　Ⅲ. ①文化史 – 云南省 – 文集
Ⅳ. ① K297.4–53

中国版本图书馆 CIP 数据核字（2014）第 168610 号

选题策划　朱利国　曹永平
责任编辑　邵慧敏
装帧设计　薛　宇　蔡立国
责任印制　宋　家
出版发行　生活 · 讀書 · 新知 三联书店
（北京市东城区美术馆东街 22 号 100010）
网　　址　www.sdxjpc.com
经　　销　新华书店
印　　刷　北京鹏润伟业印刷有限公司
版　　次　2014 年 10 月北京第 1 版
2014 年 10 月北京第 1 次印刷
开　　本　787 毫米 × 1092 毫米　1/32　印张 9.75
字　　数　170 千字
定　　价　72.00 元
（印装查询：01064002715；邮购查询：01084010542）

目录

古籍整理研究与民族文化大省建设 1

云南古代诗歌的发展轨迹及其特点 15

云南古代碑刻初论 51

云南古代论说及记事散文浅谈 91

汉文化的滇化与滇文化的汉化——云南汉文化片谈 113

昆明园林二千年 161

土司文化的再评价——以云南明清时期的土司为例 191

携手走向文明——姚安高氏与丽江木氏土司关系片谈 221

昆明孙髯绝妙词史实确凿怎能改 239

诗名满昆华的李于阳 251

西双版纳文化片谈 269

西双版纳的佛寺和佛塔 291

后记 309

古籍整理研究与民族文化大省建设

20世纪80年代以来，云南省的昆明、大理、丽江、巍山、建水相继被列为国家级历史文化名城；威信、腾冲、东川、保山被列为省级历史文化名城。1997年12月，丽江古城被列入世界文化遗产名录。这些历史文化名城是以建筑为骨骼，民族文化为灵魂。历史文化名城的保护，核心是民族文化的发掘展示、继承与发扬。

民族文化大省的建设，既包含了当前文化的繁荣提高，也包括了民族优秀传统文化的发掘整理。当前的文化是在继承民族优秀传统文化的基础上建设和创造的。离开民族传统文化的丰厚土壤长出的文化花朵，多是没有特色的。

没有文化遗产的民族是愚昧的民族，有丰富的民族文化遗产而不珍视爱护、继承发扬的民族是可悲的民族。

民族文化的承传形式主要有口头和书面两种。没有文字的民族，以口传为主；有文字的民族，多采用书面记录。用各民族文字写成的古籍，是先民智慧的结晶，是民族心理和民族性格的积淀，蕴藏着强烈的民族精神，是几千年文明的重要见证和标志。其中许多可以为今人借鉴的内容，是各民族珍贵的遗产。在历史上，凡有民族感情的人都热爱和学习民族优秀传统文化；有一定见识的人士，常为在本民族文化大厦的建设中增添一砖一瓦而感到光荣与自豪；凡有战略眼光的领导者和民族领袖，莫不把民族文化的发展放在重要地位来考虑。

一

云南各族人民在长期的历史发展过程中创造了光辉灿烂的文化。口传文化难以计数，书面典籍约可估量。

迄今为止，云南用汉字记录的作品始见于汉，以雕版印书始见于元，以手抄流传的经典始见于唐。关于云南文献的系统著录以民国《新纂云南通志》较为丰富，该志著录“滇人著述之书”1636种，“记载滇事之书”157

种，金石碑刻2599种，共计4392种，其后《续云南通志长编》又补录图书、期刊906种，多为民国初年所见知的文献。以上二书所列共5298种。由于条件所限，流于国外、省外及省内各地州县公私所藏者，尚多有遗漏。若截至1949年，云南的汉文典籍，约为7000种左右。

云南25个少数民族中，有部分民族曾创制和使用过文字，其中流传广、历史久的有彝文、傣文、藏文、东巴文等，用这些民族文字写成的典籍也很丰富，由于藏书分散，至今难以统计典籍的数字。据80年代初的资料，北京存有千余部彝文书，清理了659部，其中从楚雄彝族中收集了549部；楚雄彝族文化研究所亦收集到600多册彝文书。用傣文写成的经典，据说多达5万册，仅叙事长诗存目者，就有500部之多。用纳西族的象形文字东巴文写成的典籍，约有1500种，丽江东巴文化研究所已标音和对译了1400余种。迪庆藏族自治州的藏文文献，也有部分有自己独特的内容。估计云南各种民族文字写成的古籍约三四千种，加上汉字写的古籍，共约万种以上。

这些丰富的典籍，就内容而言，涉及哲学、历史、宗教、医学、天文、文学艺术等数十个学科，它对于研究民族历史，总结历代开发与治理云南边疆的政治、经济、军事、文化、外交和社会发展的历史经验具有十分重要的价值。许多文献为云南所独有，中原文化典籍无法代替，它可以直接丰富中华民族文化宝库。就这些古籍的刊印情况而言，有的虽已刊印，但流传至今而幸存甚少，一般读者难以见到，有的则成了孤本、残本；有的是手稿，一直未曾刊印，尘封虫蛀，面临失传的危险。遗产有价值而又有失传的危险，这就决定了古籍整理研究工作的重要性与迫切性。

二

在历史上，云南的古籍整理研究工作有两个较好的发展时期。

一是清代乾隆末至嘉庆时期。当时清王朝经过百年的治理，社会安定，经济繁荣。清政府组织了我国历史上最大的一部丛书《四库全书》的编纂，收录图书 3448 种，78726 卷，存目提要 6283 种，92241 卷。在编纂过程中虽然执行了“寓禁于征”的政策，删削了不少“违碍”清王朝统治的书籍，但在客观上对中华民族文化的成果进行了一次清理总结，所选的图书绝大部分是有代表性的古籍，为我国古代思想文化遗产的总汇，对于保存民族文化功不可没。参与编纂此书的人员达 300 多人，其中云南人尹壮图（蒙自人）曾任总阅官（此职共 15 人），施应培（昆明人）、胡敏（华宁人）亦为校官，袁文揆（保山人）为誊录。从乾隆三十八年（1773 年）至乾隆五十八年（1793 年），用了 20 年的时间，《四库全书》才编纂完成。

《四库全书》的纂辑，也启发了云南知识界对地方文献的关心。乾隆庚戌（1790 年），曾在北京四库全书馆工作过的保山人袁文揆深感云南各郡人士诗文，代远年湮，所传者十无二三，令人痛惜，于是与他的哥哥袁文典邀集同人，经过 10 年的努力，编成《滇南诗略》一书，收录汉至清初的诗作，成为云南 2000 年来第一部诗歌总集，于嘉庆己未（1799 年）印行。接着袁氏兄弟又组织《滇南文略》的编辑，参与者多达 100 余人，经过 3 年的努力，编成 47 卷，成为云南第一部散文总集。这两部书凝结着乾嘉之际云南造诣较高的一大批文士的汗水，是集体智慧的结晶。后人对此评价甚高，认为袁氏兄弟“举数百年之零珠碎璧，合而成宝，使古今人一片苦心不致埋没，凡吾辈稍知笔墨者，皆宜金铸而绣之”。有人认为二袁是“三迤文献功臣”。这些评价都是有道理的。

与二袁同时的赵州（今弥渡）人师范，在安徽望江任知县时，于1806年至1807年辑刻《滇系》40卷，分为疆域、职官、事略、赋产、山川、人物、典故、艺文、土司、属夷、旅途、杂载十二门。希望“生滇者观之，当兴经纶之思；吏滇者观之，当深桑土绸缪之计”，对云南的治理开发有所助益。时人对此书给予很高的评价，“撰论古今之是非，综核形势之利弊”（姚鼐），有实用价值。尤其可贵的是，此书是师范捐出薪俸自费刻印的。书成后他贫病不能归乡，卒于太雷，赖别人的资助，才得以归葬。《滇系》刻成后25年，浪穹（今洱源）人王崧又辑刻《云南备征志》一书，辑录了有关云南史籍61种，亦是一部很切用的书。不过，这已是道光十一年（1831年）的事。

二是民国初年，重九起义的成功、护国战争的胜利，激发了人们爱国爱滇的感情，一批有识之士，又把目光投向了滇文化。赵藩等发起辑刻《云南丛书》，得到当时云南军都督府的支持，指定云南兴文官银号供给经费。按照四库分类法，精选经、史、子、集各类滇人著作以专集刊刻；不能刻入集的诗文分别选入《滇诗丛录》、《滇文丛录》、《滇词丛录》三种。自 1914 年开始筹划，至 1940 年已刊印《云南丛书》初编、二编 180 种，1197 卷又 47 册，已编定待刊印的 41 种 491 卷。由于抗日战争爆发，丛书辑印中断。《云南丛书》第一次系统地展现了云南文献尤其是明清以来各民族作者用汉文撰写的著作精华，所收录的作品多具有较高的学术参考价值。此丛书的编印，在云南文化发展史上是一次壮举。对云南文化资料的积累、传播起了很大的作用。

乾隆之世及民国初年的学者虽然在地方文献的整理上做出了自己的贡献，但由于条件限制，还存在一些不足。一是文献收罗面不广，有些著作编选者还未知未见，所列目录中有许多重要缺漏；二是只注意云南以汉字撰写的文献，对于用彝文、傣文、藏文、东巴文等少数民族古文字撰写的典籍一概不顾；因而难以反映云南文献的全貌。加上这些书籍多用原木刻版片印刷，每种仅印数百本，经数十年的世事沧桑，存世者极少，就是丛书辑刻的发源地云南省图书馆，现亦仅存若干零本，难以配齐一部完整的《云南丛书》。而原书版片，已毁于“文革”，无法再印。

1978年以来，随着思想战线的拨乱反正，文化界又迎来了一个春天。1981年中央发出了关于整理我国古籍的指示，明确指出：“整理古籍，把祖国宝贵的文化遗产继承下来，是一项十分重要的、关系到子孙后代的工作。”“整理古籍是一件大事，得搞上百年。”云南文化教育界的人士积极响应，省内高校及社科系统、民委系统都做了一些规划并组织力量进行收集整理，先后出版了《滇志》、《大理丛书·金石篇》及彝、傣、纳西典籍数十种；《东巴古籍译注全集》等在筹划出版之中。这些成果多为前人所未发，且整理的质量较高，一些少数民族典籍，为原文、国际音标注音、汉译，较好地保持了原著风貌，有较高的科学性。不足的是，没有一个全省性的机构来统一协调各系统各单位的古籍整理研究工作，缺乏全省统一的规划，也无经费的保障，一些整理成果得不到及时出版，因而进展缓慢，有的部门已近停顿。不仅与全国古籍整理工作稳步前进，《全宋文》、《全宋诗》、《全明诗》、《续修四库全书》等相继出版，各种古籍选本、今译丛书相继出现的形势很不相称，就是与兄弟省市相比，也显得滞后。

三

建设民族文化大省，需要进一步采取有力措施，抓好云南各民族古籍的整理研究工作，为此，特提出以下建议。

1. 加强领导。古籍整理要成功，需要政府的重视和支持。单靠个人或一些小的单位难以有规模较大较为系统的成果。根据中央的指示："整理古籍，需要有一个几十年连续不断的领导班子，保持稳定的核心力量。"就云南来说，可在高校、民委、社科等系统已有的古籍整理机构的基础上，建立一个全省性的古籍整理领导小组或办公室，直属省政府，省委、省政府宜有一位领导分管。

2. 制定规划。80 年代以来，一些单位或系统，曾分别提出过古籍整理研究计划，有的项目互相重复，有的需要整理却无人报名；较多的是有计划而由于经费、人力等原因落空。现在要根据实际情况，从全省古籍状况及社会需要出发，在原有计划的基础上加以调整、补充和完善，制定一个新的切实可行的规划。既有长远打算，也有近期安排，列出一批重点项目，抓紧抓好，务必使之出成果。

3. 组织队伍。古籍整理研究专业性很强，要懂古文，要有文史哲多方面的知识。少数民族文献的整理，还要懂少数民族的语言、文字。既要有学识渊博富有经验的老专家，又要有年富力强、朝气蓬勃的中青年学者。既要依靠在职专家学者，也要适当吸收身体健康、对古籍整理有兴趣的离退休人员。充分调动一切积极因素，共同从事古籍整理工作。目前，古籍整理队伍断层现象较为突出，应特别注意吸收和培养中青年古籍整理人才，使之后继有人。80年代中央曾分析当时古籍整理的力量，认为："目前真正能够独立整理古籍的，一般来说，得60 岁左右的人才行。现在这个班子中，60 岁的人，再干10年是70岁，不能坚持工作了；50岁的人到那时可以接上去；40岁的人，再干20年，也可以成为骨干力量和领导力量。”鉴于我国整理古籍的人才多分布在高校的特点，中央还认为“古籍整理工作，可以依托于高等院校”。高校既有承担一些项目的任务，也有培养人才的责任。

4. 经费投入。古籍整理研究是全民受益的重要文化工程，是政府工作的一部分，应纳入政府的正常预算。靠整理者个人，难以支付，道光年间身为知县的师范刻《滇系》，耗尽积蓄，以致死后亦难归葬；民国年间方树梅亦曾整理云南典籍数十种，无力刊刻，至今其稿本仍尘封虫蚀；就是一些小的单位也无力承担，如方国瑜先生生前曾主持编辑《云南史料丛刊》，已成稿约800万字，先生已故去10余年，今仅出版第一卷。而民国《云南丛书》之所以进展迅速，成果辉煌，除编辑人员的勤奋努力外，省府在经费上的支持是事业成功的极为重要的保证。当年云南历辛亥、护国之役，经济颇为困难，但政府能毅然拨款支持《云南丛书》，是有远见、有魄力的举措。现在云南的经济实力，已数十倍于当时的云南，适当拨款支持古籍整理这项功在当代、利在千秋的各民族共同的文化事业，当是可能和应该的。同时发挥各地、州、县政府的积极性，采用横向联合的方式拓宽资金来源的渠道，促进古籍整理研究工作迅速有效地开展。

5. 成果的形式。随着科学技术的发展，今天的古籍整理条件已大大优于前人。为科学地保存各种文化资料，可分别采取不同形式。

一是分类编系列丛书，或用过去的“经、史、子、集”分类，或用当代的政治、经济、军事、外交、教育、文学、艺术、宗教、哲学、物产等等分类，或按民族分类等等，尽可能以书籍的形式，反映云南各民族古籍成果。

二是光盘或声像资料。光盘有容量大，体积小，便于检索、上网等特点，是将来典籍保存和流通的重要形式。声像资料则可对一些特殊的典籍如占卜、舞谱、乐谱等保存原有的风貌，以利于传习与研究。

从成果的规模上看，应大、中、小相结合。既要搞一些规模较大、学术性较强的项目，也要搞一些中小型项目。要坚持普及与提高相结合的原则，兼顾各社会阶层的需要，分别出版原著点校本、注释本、今译本等等。既要加快速度，多出成果，没有果实的园地是荒芜的；但又要注意提高质量，使后人可以信赖、乐于运用，马虎草率的成果只会给文化园地增添垃圾。

在和平安定的年代，在以经济建设为中心社会里，文化的发展是促进各民族各地区前进的重要动力。搞好民族古籍整理研究这一重要工作，必将为新的民族文化奠定坚实的基础。

（原载《云南学术探索》1998年5期。）

附言　《云南丛书》初编、二编，经云南省文史研究馆整理，编为50册，于2010年由中华书局出版。《纳西东巴古籍译注全集》100卷，2001年由云南人民出版社出版；《中国贝叶经全集》100卷114册，2010年由人民出版社出版；《彝族毕摩经典译注》100卷，2008年由云南民族出版社出版，第一批40卷已面市。《云南史料丛刊》13卷本，1998—2001年由云南大学出版社出版。

云南古代诗歌的发展轨迹及其特点

一

云南诗歌蕴藏量丰富。按作者民族分，全省 26 个民族都有；按表达方式说，口头和书面并存。口头创作、即兴编唱者，多为民歌、民谣，是文学的源头之一，是原生态的文学，各地区各民族编为民歌集成。书面创作者，包括汉文字与民族文字写成的诗作，尤以汉文字创作的诗为多。随着汉文化传播的地区扩大和普及，世居云南的彝、白、壮、傣、纳西等少数民族的文化人能熟练地运用汉字进行写作，他们以自己独特的审美眼光和视角观察自然、注视生活，抒写自己的思想感情，留下了大量的带有地方特点和民族印记的作品。仅民国年间《滇诗丛录》100 卷所选，就有 1600 余人的诗。民国《新纂云南通志》收录滇人著述1460余种，其中大部分是诗文集。元明清三代所纂修的300多种省、府、州、厅、县的地方志中，艺文部分收录了不少诗词。到过云南的外省人的上百种诗文集中，也有不少描写云南的诗作。可见，无论作者队伍，还是存诗数量，都很可观。本书所选，即汉到清末，以汉文字创作的诗词。就题材说，以写云南为主；就作者说，省内外兼顾而以云南本土为主。

与中原相较，云南的汉文诗歌有其特殊的发展轨迹。现存的云南汉文诗，起于汉，兴于唐，盛于明清。

秦开五尺道，汉置郡县，云南直接被纳入中国的版图，汉字及汉文化传入云南。《华阳国志·南中志·永昌郡》载："度博南，越兰津。渡澜沧，为他人。"同书《南广郡》又载："犹溪赤木，盘蛇七曲。盘羊乌栊，气与天通。看都濩泚，住柱呼伊。庲降贾子，左儋七里。"两首歌谣都与道路有关。前者为汉代开辟"蜀——滇——身毒"道时，筑路民工所唱；后者为记僰道（今宜宾）至朱提（今昭通）道路的艰险，为经商者的切身感受。东汉明帝时（58—75年），滇西北到川西南一带居住的白狼部落首领白狼王作诗三章，带到都城洛阳，献给汉明帝。帝令录之，载于《后汉书·西南夷传·筰都夷》，后世称为《白狼歌》。其主旨为：“涉危历险，不远万里，去俗归德，心归慈母。”表达了边疆人民对中原文化的钦慕，有强烈的祖国归属感和民族内聚力，是西南少数民族第一篇洋溢着爱国精神的诗。诗以汉字记、少数民族音，由田恭译为汉语，在国内各民族文化史上占有突出位置。

至唐，南诏崛起于西南，从天宝年间开始与唐王朝发生了强烈碰撞，双方时战时和，引起朝野的关注，内地诗人骆宾王、李白、杜甫、高适、储光羲、白居易、元稹等数十人有诗篇记事，而且云南的当政者隆舜、赵淑达、杨奇鲲、段义宗等也留下了一些诗篇。云南题材的诗，在《全唐诗》中占有一定的位置。宋代云南为大理国，未见完整诗篇传世。宋末元初忽必烈率军从甘肃经四川入云南，随军的刘秉忠等有诗记事抒情。云南平定并设立行省后，内地的许多人进入云南，他们对云南雄奇的山川、独特的民俗感受特深，如李京、郭松年、文章甫等，留下了一些传颂不衰的作品，本土的作者段福、道南和尚等，也有较好的作品。从元末“孔雀胆诗话”看，段功及其妻、女、子、部将皆能以诗表情达意，有较高的文学素养。

明代是云南文化大发展的时代，随着教育的逐渐普及、科举制度的推行，出现了一批批文化人，其中也有一批擅诗的高手，造成了明代云南诗歌创作生机勃勃的局面。明代云南诗歌创作的发展，约可分为前期、中期及晚期三个阶段。前期，从洪武至正德（1368—1521年）约150年。以大理高僧无极到南京朝觐献诗开始，云南诗歌受到朝野关注。明初，一大批文人被贬谪到云南安置，其中还有日本人机先等，他们以诗抒发感情，有的作品被沐昂编入《沧海遗珠》；云南当政者沐昂著《素轩集》十二卷，沐僖著《敬轩集》四卷，沐璘有《继轩集》十二卷，后世称为“三轩集”；隐居乡间的昆明郭文、嵩明兰茂、大理的杨黼等展露了他们的才华；步入仕途的邓川杨南金、保山张志淳、安宁杨一清、华宁张海父子各有政绩诗名，其中杨一清对明“前七子”影响甚大；少数民族的首领如木泰等亦崭露头角，有诗传世，作者队伍由外来者为主逐步转变为以本土为主。明代中期，从嘉靖起至天启止（1522—1627年）约百年，为明代云南诗歌繁荣阶段。嘉靖初年杨慎谪滇，在他周围形成了一个作家群，史称“杨门七子”，即保山张含，大理李元阳、杨士云，开远王廷表，昆明胡廷禄，晋宁唐锜，大理吴懋。“七子文藻，皆在滇云，一时盛事。”其中张含与明前七子相呼应而有突破，他与杨一清一起被赵藩称为“有明一代滇中二大家”。同时，嵩明的贾惟孝，华宁的王元翰、禄洪，建水的萧崇业，保山的马继龙，巍山的左文臣，玉溪的陈表、雷跃龙，丽江的木公、木增等都有诗作或诗集传世，一时作者之盛，直以百计，许多作者有自己独特的风格。晚期，崇祯至清顺治及康熙初（1628—1661年，永历政权灭亡）约30年，这一时期云南成为南明抗清的最后根据地，深受传统忠君观念熏陶的云南各族人民奋起抗清扶明，不愿屈服于吴三桂的淫威，爱国精神和民族气节在诗歌中闪射出了异样的光彩，诗僧苍雪、担当，隐逸赵炳龙、高应雷、何蔚文、陈佐才等留下了大量诗作。吴伟业称苍雪“诗之苍深清老，沉着痛快，当为诗中第一，不徒僧中第一也”（《梅村诗话》）。他与隐居云南少为人知的担当，应为双峰对峙，各具魅力。

清代，在平定吴三桂叛乱后，至杜文秀起义（1681—1856年），170多年的时间里，即康熙、乾隆、嘉庆、道光期间，云南大体安定，经济逐步发展，汉文化逐步向边疆地区深入，写诗的人、刻印的诗集也较前增多。清初河阳（今澄江）人赵士麟、昆明王思训、安宁段昕、石屏张汉等，诗作宏富，仅张汉就有诗17集，录诗7138首。乾隆、嘉庆之世，诗人辈出，孙髯翁、孙鹏等出手不凡；钱南园、师范、万钟杰、彭翥等此唱彼和，各呈异彩；刘大绅及其门生五华五子，即戴炯孙、李于阳、杨国翰、池生春、戴淳，各显诗才；他们的诗友丽江马子云，太和沙琛，昆明王毓麟、谢琼等各有佳作传世。在此前后，生活于江南的云南籍女诗人李含章，理论与诗作别有建树。以婉丽蕴藉诗风为主的严廷中，其《春草》、《春柳》等诗唱和者众，名噪江南。在四川做官的王汝舟又以奇崛豪雄的诗风引人注目。

1840年鸦片战争后，为了争夺原料市场，英法帝国主义加紧策划从缅甸和越南进入云南，划土地（如将猛乌、乌得等地划归法属安南），劫夺铁路修筑权、七府矿产开采权等，激起云南各族人民的反抗斗争。时代的风云，也在诗歌中有不同程度的表现：1885年中国军队战法军于临洮，大捷，赵藩有《露布飞来喜欲狂》、李燮羲有《云南大纪念》；1900年英军入侵片马，当地军民奋起保家卫国，左孝臣等壮烈殉难，李学诗有《悲左孝臣》抒忠寄愤。钱良骏《岁暮八首》，黎肇元、许台身《浪淘沙》词，抒发了时代的忧思。到辛亥革命前，云南爱国青年纷纷参加同盟会，办刊物，练新军，发动武装起义，杨振鸿等发出"欲起神州文弱病，拼将颈血溅死沙"的誓言。辛亥志士的诗中回响着时代的风雷，体现着云南边疆爱国诗的特点。

中原的诗从先秦两汉至唐已大盛，达高峰，其后有发展，但总体上难以逾越。而云南历汉唐宋元，至明清才蓬勃发展，尤其是明代好诗迭出，别开新风，与中原大为相异。云南彝族、白族、回族、纳西族等少数民族作者的诗，各有自己独特的风貌，可自立于中华诗词之林。云南也有一些女诗人表现不凡，如明初的宋氏，其《邮亭自述》，七言，108句，756字，以自身的遭遇为纲，抒发悲痛之情，从一个侧面反映了时代的黑暗，是继东汉蔡琰《悲愤诗》后又一妇女诗的杰作。清代李含章丰富的诗作、别有见地的诗论显示了较高的才华。僧人读彻、担当等，其诗堪称一时之杰。这些，均可补充中原诗歌发展中的不足。

云南诗歌形式多样，古体、楚辞体、乐府体（歌、行、曲、吟、谣等）、近体（律、绝）、词、竹枝词等均备。而以民歌形式描绘民族风土人情的竹枝词一体，尤其受到各族作者的青睐，佳作甚多。另外，一些民族中还有“双解”诗，即以汉语读是一义，用少数民族语读，又是一义，这也是一种独特的创造，为中原诗歌所未见。

云南诗歌题材广泛，内容丰富。从纵向说，云南数千年历史上的重大历史事件和重要历史人物，多有涉及；从横向说，山川风物、民俗特产、工矿农村、商贸街市、宗教寺观、官场考场、地震瘟疫等等常有描绘；从感情上看，生死离别、亲情友情、情趣哲理、希望渴望、惊异赞美、谴责揭露、鄙弃讽刺均有抒发。其中某些题材，别具价值。如人物诗中，对三国时在云南实行和缓的民族政策、稳定南中的诸葛亮，着笔者多，且多赞扬与怀念；对挑拨离间、破坏民族和睦的张虔陀予以谴责，从中可见人心向背，显示了多民族地区对处理好民族关系的渴望。又如多篇描写大地震的惨状及善后的诗篇，对自然科学、人文科学研究均有意义。再如明初流贬到云南的日本诗僧，与云南诗人结下深厚的友谊，其诗意境深邃、感情真挚，在日中友谊史上，留下了一串闪光的珍珠。

要全面介绍这些诗歌的内容，非一篇文章所能完成。这里仅就有关云南的景物诗、民俗诗、民生诗作粗浅的评述。

二

云南山水，奇姿特出，蕴藏着丰富的经济文化资源，引来了无数探奇、朝圣、旅游的人，也激发诗人创作了一连串的佳篇。

千里之河，起于细泉。泉，带着大地母亲的余温汩汩从地层深处涌出，形成各种泉群，呈现各种美态。滇西太保山下的珍珠泉是“翻沙玉粒点加点，出水文章圈又圈。银弹打开波上腻，雪花冲破水中天。只宜骚客临渊羡，未许佳人用线穿”（明·胡璇:《珍珠泉》)。点、圈、穿的巧妙运用，将自然心灵化，把泉的动态美写活。滇中的安宁温泉，碧水澄鲜，池底彩石，光腻胜玉，蒸气微扬，段昕以“石眼沸珠光濯月，云根煮玉暖生烟”(《碧玉泉》）状其情态，生动入微。在迪庆高原有一片晶莹剔透的“白水台”，泉从山腹中涌出后，沿坡地弥漫，似流银泻乳，有的已沉淀，有的像珠玉般还在滚动，形成了大小不等的数千块新月般的梯田。明代的木高以“云波雪浪三千垄，玉埂银丘数万塍”来展现其壮丽(《中甸三坝白水台摩崖诗》)，以诗点出其神韵。珍珠泉、温泉、泉华，异彩纷呈，各显个性。

千百细流，汇集成湖。大大小小的高原湖泊，像一颗颗明亮的珍珠镶嵌在云南大地上，滇池、洱海、抚仙湖、泸沽湖的美景令人赞叹不绝。有的登西山，看滇池，只觉“湖势欲浮双塔去，山形如拥五华来”（郭文:《游太华寺》)，以传神之笔点出滇池的壮阔、气势。当月夜荡舟湖中，感受到的是“玉壶载酒摇空碧，人在清凉水晶城”（郭文:《赋得滇池夜月》)。就连日本人诗人机先置身于“白月随人相上下，青天在水与沉浮”的优美环境中，只觉身心俱净，“坐倚蓬窗吟到晓，不知身尚在南州”（机先:《滇池夜月》）。

江河是沟通湖泊、聚纳大小支流的动脉。金沙江、澜沧江、怒江、南盘江等长江大河，澎湃奔涌，浩浩荡荡，杨升庵眼中的澜沧江是“江含烟紫浮白龙”，“千崖万壑生松风”（《兰津渡》）。孙髯翁笔下的金沙江：“劈开蕃域斧无痕，流出犁牛向丽奔。一线中分天作堑，两山夹斗石为门。波摇日月苍藤细，沙走雷霆白昼昏。倒峡翻浪自今古，更从何处觅江源。”（《金沙江》）把江流的态势、环境、气势、力量，几笔就勾勒出来。瀑布是河床遇到断崖而产生的特殊形态，瀑有长短宽窄，瀑面有一叠、二叠、三叠乃至多叠，形成“非烟非雨望浸浸，电走雷轰势撼山”（易经:《叠水河观瀑布》）的奇景。木增观瀑想到更多：“天上银河落玉峰，穿云喷雪吼蛟龙。千条练曳千山界，万丈虹拖众壑封。策杖仰观舒素抱，披襟坐对洗尘容（悰）。不辞百折终朝海，泛斗乘槎我欲从。”（《玉山瀑布》）以江河归海寓社会“诸侯朝宗”，表现边疆民族的向心力，颈联意新语工，境界独出，出自一位少数民族土司之手，意义更是不凡。

如果说江河是大地的血液，那么山脉则是大地的骨骼。水，活泼多姿；山，高大厚重。云南多山，山区和半山区占全省总面积的94%以上。群山迤逶，连绵起伏，似无尽头。说云南是个山国，似很恰切。外地人来云南首先是惊叹。瞧："丽江雪山天下绝，积玉堆琼几千叠。足盘厚地背摩天，衡华真成两丘垤。平生爱作子长游，览胜探奇不稍休。安得乘风凌绝顶，倒骑箕尾看神州。"（李京：《雪山歌》）李京为河间人（今属河北省），元大德五年（1301年）宣慰云南，他见多识广，仍然为云南名山的壮丽所震撼。南岳衡山、西岳华山，较之玉龙雪山成了"两丘垤"（两个小土堆）。若到雪山"绝顶"，似可乘星俯瞰神州！赵翼的《高黎贡山歌》，写他登至半山，"回视飞鸟但见背"；至顶，"头恐触天不敢仰"；野宿，"惊看繁星比瓜大"。其山之高险，感受之独特，比喻之出奇，皆为这位来自江南水乡的登临者之深刻体验。

长期生活在山国中的云南人，"在家常听水，出户便登山。空翠侵衣绿，残霞著屐斑"（张瑀：《云龙杂咏》），随时随地都受到青山绿水的滋润。有时上山"路绕羊肠转，云从马首开”(杨慎:《九鼎寺》)。在路旁，有的地方“剑立尖锋几万千，一重林壑一重天。人如猱性缘丹壁，家似鸠房卧绿烟。鸡犬乱随岩鹿放，衣裳犹常古云鲜。”(傅为詝:《苗俗》)不经意间，人与自然融合为一体。

久与山伴，山似乎也有了灵性、生命。有的山，看似青狮，“至今鬃鬣青离披”，“半岩云动疑奔驰”(郭文:《武定狮子岩》)。有的“十九峰连青欲滴，深藏一朵玉芙蓉”(李元阳:《白石寺》)。有的如骏马，“渴向昆明池头饮，云骧霹雳逐龙飞”(赵士麟:《金马山》)。有的如传说中的吉祥鸟，“彩云一片舞天鸡，五色光中望欲迷”(赵士麟:《碧鸡寺》)。自然与神话，现实与浪漫有机结合，增加了山的迷人色彩。

久居山村，不知不觉间人似乎对山也产生了特殊的感情。试看刘安科《过山吟》:“一山复一山，山断山还续。日在山中行，夜就山下宿。时或登山巅，时或绕山足。时或出山背，时或入山腹。山云生石根，山泉响林麓。山花媚岩崖，山草寒溪谷。半山偶见村，倚山自结屋。小憩借山阴，盘桓抚山木。但遇山中人，辄问山家俗。山妇献芹莒，山翁供野蔬。山瘴幸全收，山田喜丰熟。几日过山来，肺腑满山绿。长揖谢山灵，恨少山居福。”全诗句句有“山”，回环往复，以朴素的语言写山景、山民、山俗，处处流露出亲切热爱的感情。

云南山水奇特瑰丽，变幻莫测；山水间积淀的历史文化厚重丰富，对山水的感受，不同时代、不同人物各不相同，但精心描摹山水形态，经过形似的途径达到神似的殿堂，以形写神，以景传情，是山水诗意象造型的主要美学手段之一。传情之中，又有乡情、友情、爱情、亲情千差万别，人生百味尽在其中。对祖国、人民、民族的关心，积极进取的精神，常跳荡在其中。如南诏时期的诗人杨奇鲲的《途中诗》：“风里浪花吹又白，雨中岚色洗还清。江鸥聚处窗前见，林狖啼时枕上听。此际自然无限趣，王程不敢暂留停。”将作者对云南山河的热爱和对南诏王室的耿耿忠心有机地融合在一起，意境清新，情怀高洁，脉搏在淡墨山水画之间跃动。又如木靖《雪山》：“边关一窦隔巑岏，固守提封去路难。玉垒千年存古雪，金沙万里走波澜。舆图虽尽天犹广，月令无凭夏亦寒。磅礴远呈精白意，忽从日下见长安。”身在山国，却不为山国所囿，能纵观万里，心怀天下，将圣洁的雪山、万里的金沙、日下的长安联系在一起。正是这种地域色彩、宽广胸怀、时代烙印的交叠重合，使得此诗有不同寻常的魅力。

三

民俗与特产，是文化和物质两个方面最吸引人的东西，也是云南诗人深为关注，并有佳作的题材。

民俗植根于民间生活之中，包括各种经济民俗、衣食住行习俗、婚丧节庆习俗等。它有民族性、地方性、历史性、承传性、变异性等特点，主要表现在生产方式、生活方式及文化习俗上，受地理环境、民族种类、文化传统影响很深。云南地形西北高，东南低，一省而兼寒、温、热三带；大部地区山高谷深，山顶与谷底温差也很大。许贺来的《盘江谣》写道："昨宵峰顶衣如雪，今日江头似火烈。山川对面异炎凉，那得人情无冷热。"形象道出了云南局部也有"立体气候"的特点。由于山多坡大，许多百姓辛勤开垦坡地，"锄云耕月乱石中"，造就了一层层梯田，形成一定的规模："梯田百级计双耕，曲直高低地势成。芒种未过秧出水，山农日日听雷鸣。"（吴应枚:《滇南杂咏·梯田》）候雷雨栽插，梯田层递而上达百级，以二牛耕一天计数，称"双"（约四亩），显示了当时当地的耕作方式、生活环境。这种生产方式，灌注着劳动者的聪明才智，显示着劳动者的创造与成功，渗透着劳动者的愉悦。"梯田折叠上层岗，云里飞泉插稻秧。一幅秧旗人一簇，山歌幽咽水山长。"（沙琛:《漾濞山中杂兴·梯田》）

云南有的地区依山傍湖，气候温润，沃野平畴，物产丰饶。"苹香波暖泛云津，渔枻樵歌曲水滨。天气常如二三月，花枝不断四时春。"（杨慎:《滇海曲》）"鸡坳蚕豆普洱茶，粳稻碓舂酒似霞。寒暑年年不相识，清明天气四时花。"（吴铭道:《滇池竹枝词》）两首诗不约而同地描绘出昆明四季如春的气候特点，鱼米之乡的富庶。特别是杨慎诗中的"苹香波暖"、"渔枻樵歌"、"花枝不断四时春"等带有动态美的意象，似断还连，共同点染出春城的神韵，四百年来为人传诵不衰。

滇南一带气候炎热，水源充沛，是双季稻主产区。

章履成《元江杂记》:“十树槟榔中户产，两栽粳稻上农田。难堪炎气终年盛，晒月犹如六月天。”滇南还是驰名中外的普洱茶的故乡，和风轻拂，灵芽苏醒，“春雷震厉勾潮萌，夜雨沾濡叶争发。绣臂蛮子头无巾，花裙夷妇脚不袜。竞向山头采撷来，芦笙唱和声嘈囋。一摘嫩芷含白毛，再摘细芽抽绿发”。“筠篮乱叠碧毵毵，松炭微烘香馞馞。”（许廷勋:《普茶吟》）笙歌起伏，茶香弥漫。

云南西北地势高寒，盛畜牧，少稻谷；喝油茶，吃糌粑，风俗迥异。“被体羊毛与苎麻，平生粒米未沾牙。忽来宾客调牛乳，敬接长官奉糌粑。”“围炉膝坐欢相聚，伴食霜黄酸奶渣。”（吴自修:《中甸集景·夷食》）“大耳环垂大响铃，裙裁毛布着红青。短衣半截羊皮系，上用红丝绣七星。”（余廷治:《中甸江边竹枝词》）

多种多样的生活环境，千差万别的生活习俗，表现在集市贸易上也多姿多彩。看:“猪街才罢又龙街，蛮女牵羊入市来。背上担儿尝惯负，胭脂落尽小桃开。”（施武:《街子词》）云南某些地区村镇，以十二属为序，轮流为市，俗称“街子天”。猪街、龙街正由此而来。集市有的在平坝，有的在山区，有的在半坡。徐进《山市》云:“数亩平坡作廛市，居民往来何纷纷。当炉蛮女笼鸦髻，射猎山翁着虎裙。牛背输将仓内粟，樵肩担上岭头云。谋生事业让商贾，卖罢鱼盐醉夕曛。”在经济条件较好的滇中城市，集市就大不相同了:“霜绫雪碗尽吴商，僰妇青裙罗帕装。卖遍茶花杜鹃血，香云穿出碧鸡坊。”(吴铭道:《滇池竹枝词》)集市是一条条彩色的河流，既荟萃了各地物产，也聚集了各民族服饰、风习。这几首集市诗，只截取了若干片断，也让人感受到弥漫其间的生活气息。

节日，是民族文化集中而强烈的表现。云南各民族节日众多，色彩斑斓，形态多样，内涵丰富。如各民族都过，而内容、形式各不相同的春节；若干民族所共有，内容大致相同的火把节、泼水节；只在某些地区、某些民族中有的三月节、三多节、刀杆节等。民族节日是民族群众的盛会，是维系民族感情的纽带，其中有拜祭仪式、欢歌跳舞、谈情说爱、禳灾祈福，伴有物资交流、餐饮美食。从娱神到娱人，从功能单一到功能多样化，从重文化到文化与经济并重。节日文化在承传中不断变化发展。一些节会，在历史上曾经有过、辉煌过，但今天随着环境的改变而淡化了、消失了。如大理和昆明的“蝴蝶会”。明末，徐霞客在《滇游日记》卷八中曾记：“泉上大树，当四月初，即花发如蛱蝶，须翅栩然，与生蝶无异；又有真蝶千万，连须勾足，自树巅倒悬而下，及于泉面，缤纷络绎，五色焕然。游人俱从此月，群而观之，过五月乃已。”清代乾隆年间的大理回族诗人沙琛也描绘了这一奇景：“迷离蝶树千蝴蝶，啣尾如缨拂翠湉。不到蝶泉谁肯信，幢幡鬘盖蝶庄严。”（《点苍山人诗钞》卷六，《上关蝴蝶泉》）略早于沙琛的昆明诗人万钟杰则将昆明圆通山五月蝴蝶会的盛况记录下来：“余乡螺峰，在城中，即圆通寺”，“五月五日则群蝶飞来，不计百万，真奇观也”。他以诗行表现了这一妙景：“衲霞屏上花光红，石根皴皱生清风。寻常灵秀白云出，五月五日奇不同。华胥蝴蝶尽聚此，振影翩翾高蔽空。大如车轮小如扇，如丸如弹俱相从。”“伏阶鼓翅雄于虎，五色鲜明流彩虹。满城士女拥成市，肩摩屐接香气浓。”（万钟杰：《螺峰蝶翠》）后来，生态变化，蝶会不再，但它曾经的辉煌，至今仍为人们津津乐道。

另一些民族历史文化内涵丰富的节日，历久不衰。如彝族、白族、纳西族、傈僳族、拉祜族、普米族等都过的六月火把节（又名星回节），融火崇拜、祭岁祈年、禳灾祝丰、纪念英雄多重旨意于一节。有的“通红火把列高低”，“踏歌蒲地蛮笙沸”（赵锜:《顺宁竹枝词》）；有的“剁生盘冷佐椒馨，佳节星回味荐腥。醉爇松明照田畔，要凭炎火逐蝗螟”（吴应枚:《滇南杂咏 · 星回节》）；有的还赛马，“簇簇银鞍争上下，飞飞翠袖舞西东”（徐深:《大悲寺看平川火把》）。在众多的火把节诗中，以元代文章甫的《火节》最为出色：“云披红日恰衔山，列炬参差竞往还。万朵莲花开海市，一天星斗下人间。只疑灯火烧元夜，谁料乡傩到百蛮。此日吾皇调玉烛，更于何处觅神奸。”本诗以动态感、立体感很强的画面，再现火把节的盛况，并点出其寓意。“万朵莲花开海市”，将民众举火把游田间，村落壮丽优美的景象一笔画出，仿佛还充满生命力。

过节狂欢，亲友聚会，常以饮酒助兴。云南古代一些地方酿酒、饮酒的方式是别有兴味的。元代王庭的《咂酒》：“封拆黄泥日月遥，绕瓶活火漫围烧。枯筒未试香先透，熟水频添味转饶。冷暖既随人异态，缩盈还与海同潮。其中春色知多少，便是渊明也折腰。”对此种饮酒方式，乾隆《丽江府志略·礼俗略》云：“俗以大麦酿酒，凡宴待宾客，先设架，置酒坛于上，贮以凉水，插竿于内。客至，主人先咂，以示先尝之意，客次之。咂时盛水候，咂毕而注于坛，视水之盈缩，以验所饮之多寡，不及则请再行。寒月，置火于坛下，取其热也。”明代丽江木公也有诗云：“官家春会与民同，土酿鹅竿节节通。一匝芦笙吹未断，踏歌起舞月明中。”（《饮春会》）鹅竿咂酒，吹笙踏歌，明月高悬，好一派山村节日图。饮酒歌舞之外，节日文娱活动还有荡秋千、蹋球等，“飞红舞翠秋千院，击鼓鸣钲蹴踘场”（木公：《春居玉山院》）。“飞红舞翠”四字将衣着鲜艳、欢声笑语、凌空翻飞的青年妇女的姿态写得轻盈鲜活；“击鼓鸣钲”一语则突出场内奋力拼搏蹴踘，场外击鼓鸣钲呐喊助威，场内场外融为一体，气氛极为欢畅。

特产，指某地出众、卓异的产品。云南特产门类甚多，如药材类的三七、天麻、冬虫夏草；食用菌类的鸡㙡、松茸；矿产类的大理石、珠宝玉石；花卉类的山茶、杜鹃等等。描写其独特风貌、优良品质，并借以抒发不同时代、不同遭遇、不同人物的思想感情的诗篇，成百上千。如云南名菌鸡纵，其肉肥硕壮实，质细丝白，鲜甜脆嫩，清香隽永。明代嘉靖年间，杨慎谪戍云南，友人送他鸡纵，他很珍爱："海上天风吹玉芝，樵童睡熟不曾知。仙翁近在华阳洞，分得琼英一两枝。"（杨慎:《沐五华赠鸡纵》）清代乾隆年间赵翼随军入滇，途中食鸡纵，"老饕惊叹得未有，异哉此鸡是何族？无骨乃有皮，无血乃有肉，鲜于锦雉膏，腴于锦雀腹。只有婴儿肤比嫩，转觉妇子乳犹俗"（赵翼:《路南食鸡纵》）。乾隆年间在甘肃从政的云南永北（今永胜县）人黄恩锡久违乡井，追忆故乡"别种香鲜珍妙品，红泥小阜拣鸡纵"（《澜沧杂忆词·鸡纵》）。同时期在山东的石屏人张汉，也屡屡忆起"覆笠形"的鸡纵:"肉芝那羡神仙食，爱搴山肴补食经。"至清末，朱庭珍等组织"莲湖诗社"，曾以"鸡纵"为题，组织社友吟诗，留下了十数首佳作。其中赵藩《鸡纵》诗云:"松根沙土润，孕此肉芝鲜，雷雨空山霁，樵苏小摘便。餐云净渣滓，下箸绝腥膻，争怪劳驰驿，当时进御筵。"末句点出明孝宗（弘治）时，云南鸡纵已进贡宫廷。菌好而入诗，经众多的诗人品题，鸡纵之名愈著。

在云南花卉中，云南山茶久负盛名，它为常绿大花乔木，高可达十余米，枝干劲健，树形优美，花色丰富。初为野生，后渐人工移植栽培，其植于寺庙名胜者有的树龄已达四五百年。“滇中四时常看花，经冬尤喜红山茶。”（林则徐：《万寿寺看山茶花有作》）正当北国冰封雪飘的季节，云南山茶，却碧树红花，彤云万朵，英姿勃勃，光彩照人。明嘉靖年间谪戍云南的杨慎赞美山茶花：“绿叶红英斗雪开，黄蜂粉蝶不曾来，海边珠树无颜色，羞把琼枝照玉台。”（《山茶花》）他在《滇南月节词》中还描写：“正月滇南春光好，山茶处处齐开了；艳李夭桃都压倒。装点好，园林处处红云岛。”稍后，万历三十八年（1610年）江西人邓渼巡按云南，时值冬末春初，此花盛开，烁日蒸霞，云锦成堆，叹为“天壤之奇观”，并数出山茶有“十德”：色艳而不妖；寿高如新植；枝干高竦，肤纹苍润；枝条形状可爱；幡根兽攫，形状奇特；丰叶如幄；性耐霜雪，有松柏操；次第开放，花期数月；瓶中供养，十余日不变。如此品质特优、奇姿艳质的花，由于生长在边地少有人题咏，致使其“沦落无闻”，他立志“为兹花吐气”，写了《山茶花一百韵有序》。这首长篇五言诗，一百韵，二百句，结构宏大，词采华茂，博譬广喻，将山茶的形、色、香、态及内在美质，从不同角度进行了描绘，写花也写人格理想。他为滇南山茶传神写照的苦心，广为后人所理解，纷纷唱和。他总结出的“滇茶甲海内”的名言，广为后人所引用。

庭院培植的山茶可爱，山野茶花更壮观。乾隆年间上海人赵文哲，随军到保山腾冲一带，翻山越岭，不经意间看到大片山茶花：“山茶滇所独，随地横丫杈。最忆金浪巅，群山抱峆岈。离离十万株，虬枝肆腾拿。翠荫接如幄，风日清且嘉。一树千朵花，一花千缕霞。蒸为半天锦，桑旭摇光华。”（赵文哲：《山茶花》）在蔚为壮观的花海中，作者进一步称赞山茶“凌冬避蜂蝶”，耻为“排阶斗豪奢”的品格。

山茶之美除了它的自然属性之外，还往往与人类社会生活有多方面的联系，具有和人类社会生活的美相似的特征，可以被赋予某种暗示、象征和寓意。明末爱国诗僧担当笔下的山茶："冷艳争春喜灿然，山茶按谱甲于滇。树头万朵齐吞火，残雪烧红半个天。"(《山茶花》)似满腔热血的救亡志士赵藩屡次应试，勤奋写作，欲以诗文传世，他的《茶花》诗："压担绛云村女市，漫天红雨野僧堂。力排霜雪三冬暖，艳发文章万丈长。"朱庭珍处于乱世，目睹百姓大量死亡，他看茶花"猩红十丈开淋漓，疑染滇池士女血。"(《文庙红山茶歌》)忧时感愤溢于吟花诗中。一树山茶万首诗。由于作者所处的时代、遭遇、思想、性格不同，融进茶花里的感情、心性各异，用词结构也多别出心裁，因而山茶诗也常写常新。

四

诗歌的本质是抒情。真实、强烈、深刻的感情，是诗的生命。而感情的产生是变幻多姿的大自然和充满矛盾斗争的社会现实，在人类心灵中激起的波澜。诗歌的地域性与民族性，在相当的程度上决定于作者对当时当地的生活熟悉程度，特别是对当时当地广大人民群众思想感情感受的深度。诗人若能在感情上与人民息息相通，在诗中抒发蕴藏在千百万人民心灵深处的感情，倾吐人民的声音，就容易引起广大读者的共鸣，在读者中产生较大的反响，也才有较强的生命力。

在农业社会，农民的忧乐，为广大的中下层知识分子所关心，因他们多数来自乡镇，与农村有千丝万缕的联系。许多农事诗，写得有声有色。如“一番好雨带星耕，白水青秧叱犊声”（杨士云:《栽秧》），生活气息浓郁。“成行布列退为进，根泥欲净插欲顺”，“红日炙背水浸踝，遑计汗出如泉流”对插秧的技巧、艰辛作了细微准确的描绘。“喜见新秧水面铺，与针量较果无殊。芳塍恰有杨花落，一幅天然刺绣图。”（陈国璜:《秧针》）将劳动所创造的美，点染得鲜活，有立体感。待新稻收割后“家家打稻趁午晴，风来一片动秋声。遥看连架（枷）齐挥手，无数珍珠坠地轻”（孙嗣煌:《打稻》），将劳动者的喜悦，融入诗行中。

农业劳动，一惧天灾：水灾、旱灾、风灾。有时“一夜成枯草，全家泣老牛”（刘大绅:《农家》）；有时“暍死新秧天不雨”（孙清彦:《分秧曲》）；有时“十日阴无一日晴，满门苔色断人行”，“客枕怕移沾湿处，邻家惊听坏垣声”（杨一清:《雨后复晴》），甚至“四乡田庐尽飘没”（汪世泽:《丙子大水纪事》）。二惧人祸：沉重的赋税、残酷的剥削、连绵的战乱。有时“一工得三斗，两斗备征输”（徐进:《农夫叹》）；有时官征赋、盗逼粮，“不识我谷成，输官与输贼”（袁谨:《老农叹》）；有时遇到饥荒，“山蔬米已尽，蕨根握荒陂。食尽乃食土，人命残如丝”（王建中:《食土》）。巨大的贫富差距，严重的劳逸不均，引起人们的深思：“一生不荷锄，山下连阡陌”（沙琛:《民事诗》），“奈何不耕人，珍食自恣纵”（沙琛:《悯农》），“膏粱人几许？日出掩重关！”（兰茂:《霜陇耕夫》）

在哭歌民生的作品中，明末清初的陆天麟，清代中叶的李于阳、桑映斗的作品尤为感人。陆天麟在兵乱之际，辗转流徙，避难于滇南，他的《还村》：“尸横道路泪如麻，不料余生尚到家。入室青青三尺草，晚年相聚有鸣蛙。”凄凉之感，似从骨里透出。另一首《感圈田》：“疲氓无计可谋生，山下春田半惰耕。一纸墨圈千里大，虾蟆连夜叫官声。”圈田，是清初为维护满族贵族集团及八旗军的特权地位，以使用“无主荒田”为名，强行霸占百姓田产。一般记载多为京郊周围五百里，但上行下效，云南亦曾波及，此诗可以为证。桑映斗有《土兵行》、《采黄独》等系列反映纳西族地区百姓啼饥号寒悲惨生活的诗作。而诗人李于阳描写的是嘉庆、道光年间，昆明苦旱、瘟疫相继，饥荒、疾病互缠，人民大批死亡，“百亩地埋千万冢，一家人哭两三般”。“人声不敌鬼声多，到处啁啾哭月黑。如市豪门荆棘生，连云大厦鼠纵横。”（《异热行》）“去岁无收苦旱早，今岁将收又愁槁”，“转瞬催粮悍吏来，天灾不已复人灾”（《祷雨叹》），以致有人感到生的无望：“荒年姓命贱，转觉生何必？”“搔首视长天，头上片云黑。”（《老农叹》）更有甚者，“几处煽血腥，争啖人肉好”（《望雨》），令人触目惊心。饥民遍野，“盗贼”群起，官军围剿，征兵、征粮、拉夫服役，百姓遭殃，“兵往贼潜踪，兵来贼势逞。往来渴民力，白骨路旁冷”（《兵夫叹》十首）。目睹悲惨的现实，李于阳一连写下了《卖儿叹》、《食粥叹》、《苦饥行》、《米贵行》、《邻妇叹》、《兵夫叹》等一系列充满现实主义精神的诗歌，再现了一幅幅悲惨生活的图景。如此集中、突出地反映人民痛苦，如此深入细致地表达人民的感情和愿望的诗篇，时人并不多见。对此，李于阳的老师、诗人刘大绅给予了很高的评价：“即园（李于阳字）学日进，诗益富。《卖儿》《食粥》《苦饥》《米贵》《邻妇》《兵夫》诸作，置之三百篇中，当在变风、变雅之列。杜少陵（杜甫）白香山（白居易）一辈人，乃优为之，张（籍）王（建）而下，恐未必办此也。”（刘大绅：《即园诗钞》序）女史朱菊华亦云：“长歌激烈写殷忧，悲悯情怀不自由。诗到怨时天亦老，一篇谱出一声秋。”（《即园诗钞题词》）

农民苦，工人亦艰辛。吴振棫的《厂述》组诗描写铜矿开采生产中的利益争夺，官僚矿主的盘剥享乐，矿工在开矿、冶炼过程中的生命危险、饥寒困顿、被杖责奴役。王毓奇的《烟溪即事》五首，描写盐矿开采煎熬过程中，工人生活环境的恶劣、劳动的繁重。“壮夫几满万”，“鹾煎十万釜”，可想其规模；“人多面黧黑，酸眸畏湿烟”，“碎股长流血，蒲鞭心也伤”，显见其非人的生活。

百姓之苦，重要原因在于吏治腐败，一些官吏形同盗贼，孙清彦的《忧盗》六首，揭露时弊，层层剥进，透入骨髓。“盗贼在途，征人踵绝。白刃如霜，红巾如雪。遍地荆榛，欲行不得。”“盗贼在市，居民孔伤。贸丝易粟，瞬息亡羊，机械相能，物多盗赃。”“盗贼在公，国人之凶。以盗捕盗，横夺市中。”“盗贼在官，万姓沉冤。御民则虐，御盗则宽。上有横行，下必甚焉。”这“盗”一言多义，有伸缩和延展性，含义可窄可宽，既具体又泛指，从“在途”、“在市”、“在公”、“在官”看，泛指当更切，犀利的目光，已接近社会的病根，对现实的解剖有一定的深度。

百姓之苦，还由于某些特殊的原因造成的。如：中缅边境的猛密等地，盛产玉石，尤以翠玉为佳，其玉碧绿通透，质地纯正，为世所珍，是皇室、权贵、富人珍藏之物，贵族妇人的装饰品。腾冲地近玉石产地，玉石加工业兴盛，技艺精湛，成为玉石的集散地。这本可为发展经济、增加收入提供条件，但在某些贪得无厌的统治者手中，却成了祸害。据《明史·云南土司传·木邦》载：“朝廷每以中官出镇、司采办。武宗朝钱能最横，至嘉靖、隆庆时犹然。”“（万历）时税使杨荣纵其下，以开采为名，恣暴横，蛮人苦之。”以致引起这一地区长期动乱，兵连祸结半个多世纪。长期生活在这一地区的诗人张含，在其诗作中多次深刻地反映了这一问题：“只缘宝并石，边民屋倒悬。兵戈象马动，城廓虎豹眠。”（《申雅》二首）“宝井晶光欻涕泪，漆齿疮痍空怨嗟。”（《衰年》）“懒慢依岩壑，忧时还垂泪。只闻征彩石，不复念疮痍。海涸鱼龙泣，荒城虎豹驰。歌谣无采使，纪咏舍吾谁。”（《疮痍》）“黔首雕题无稳睡，黑云压城霜陨地。彩石光珠光焰多，涕流骨枯将奈何！”（《童谣》）官差所至，征粮派款，点马点军，名花异卉，亦遭抢掠。“南夷聚遐圻……四时茂花木，征需极网罗，鞭挞愈杀戮。”“台符夜及门，支枕无稳宿。童稚各惊奔，衰耄惟痛哭。”“点马复点军，满眼逃亡屋。”（《南夷用少陵佳人诗韵》）张含还作了一首长达三十句的《宝石谣》：“成化年中宝石重，私家暗买公家用……自从嘉靖丁亥岁，采买官临永昌卫。朝廷‘公道’给官银，地方多事民憔悴。民憔悴，付奈何？驿路官亭豹虎多。钦取旗开山岳摇，鬻男贩妇民悲号。到今一十四回内，涕泪无声肝胆碎。成化年，嘉靖年，天皇明圣三皇肩，独怜绝域边民苦，满眼逃亡屋倒悬。屋倒悬，不足惜，只为饥寒多盗贼。山川城廓尽荒凉，纷纷象马窥封疆。窥封疆，撼边城，经年日月无颜色。杞人忧天天不倾，浊醪大醉明诗亭。”诗中提及的成化年（1465—1487 年）至嘉靖丁亥（1527 年）是六十二年，再加上二十来年的十四回“采购”，宝石之祸已达八十年。人民破产，百姓逃亡，国外势力乘机窥伺疆土，国家安危受威胁，其揭露鞭辟入里，其危害动人心魄，足以令人深省。杨升庵评云：“此诗真诗史，与韩文公之《汴州乱》、晁无咎之《开山梅》、杨廷秀之《海鳅船》、王恽之《义侠王著行》同传可也。”然而，权臣贪吏并未罢休。至“戊申（1548 年）冬，采买宝石第十七次”，张含再次以《宝井煌煌》为题，写了四言三十二句：“一十七回，旌旄光耀。巧索百端，厥术神妙。迩夷遭时，堙井夷灶。血泪点珠，疮痍弗疗。贩妇鬻男，痛呼苍昊！”张含与明代“前七子”友善，他呼应前七子诗歌学盛唐的主张，而又结合边疆的实际创作，使他的“民生诗”独到而有深度。张含的朋友从京城谪戍云南永昌的著名学者、诗人杨慎，也写了《宝井篇》，历叙边民应役之苦，“得宝归来似更生，吊影惊魂梦犹怕”，

“安得仙人缩地法，宝井移在长安街！”语虽较为委婉，但为民痛苦呼号的精神与张含一致。此外，描写大理石质地之美，皇室官僚巧取豪夺、民不堪命的诗，达数百首；描写征求特效药“鸡血藤膏”的诗中有“尔血即民血，尔膏即民膏”之句，喊出了底层人民的愤怒呼号！

忧国与忧民常常是联系在一起的。忠君爱国的感情，像一根红线，贯串于云南古代诗歌发展之中。自汉代独尊儒术以来，中国传统思想中重群体、重义务的价值取向逐渐形成，个人、民族、国家、天下密不可分的观念逐步强化，直至明清凝聚成“天下兴亡，匹夫有责”的至理名言，对国家的统一、民族的团结起到了巨大的凝聚作用。受汉文化的浸润，汉代滇东北的孟孝琚就曾研读《孝经》，与东汉提倡以孝治天下相契；滇西北的唐菆，带着诗歌，怀着“心归慈母”的深情，到洛阳朝贡（《白狼歌》）。唐代南诏君臣在被逼抵抗之际，设坛叩头发誓“我自古及今，为汉不侵不叛之臣”（《南诏德化碑》）。对内君臣互勉：“元昶（君臣）同一心，子孙堪贻厥。”（骠信:《星回节》）宋代大理国使者李观音到内地公干，开口说的是：“言音未会意相和，远隔江山万里多。”谈吐不俗，有亲和力。明初白族僧人无极到南京朝贡，吟诗“一片白云飞万里”(《辞朝诗》)，“心含葵赤向春阳”(《朝天诗》)。明代中叶纳西族首领木泰对中原王朝的使节十分尊重和亲近：“凤书每来红日近，鹤书不到白云闲。”(《两关使节》)明末，在国家危亡之际，王锡衮等“指日誓天惟救国，一诚如矢挽颓波”(《风节亭诗》)，毁家纾难。永历流亡，担当等“梦魂驮着青天走，水底摅丹愿学葵”(《照水梅》)。乾隆时期，钱沣等以马自喻，渴望为国效力：“骨毛消瘦雪霜侵”，“犹向苍茫吐壮心”(《自题画马》)。清末，1885年在越南临洮，抗法战场获捷，李燮羲为之作歌“快哉安南役”(《云南大纪念》)。辛亥革命前夕，爱国志士杨振鸿等奋起挽救民族危亡，立志“不如跃上舞台去，立马华山第一峰”，以鲜血和生命献给祖国和人民！云南各族诗人在其作品中表现的这种对祖国对人民的深厚感情，是边疆人民在长期的社会实践中，从正反两个方面的经验教训中积累、承传的结果。平时多体现在对人民日常生活的关爱，对祖国河山、对一花一木的感情，但在国家民族危亡的时刻，便会大放光芒，在内心深处筑起坚不可摧的钢铁长城。

纵观中华古代诗坛，云南诗歌的发展轨迹与中原有相异之处，在题材内容上有较大的拓展，其浓郁的地方民族特色独标异彩，不少作者以“民族的眼睛”观察生活，抒发本民族的感情，有其独到深刻之处，其中的优秀作品表现出较强独创性，有较高的艺术魅力。正视中国内部多地域多族群造成的文学上的多样性，反观各地区各民族本土文学所特有的因素，探索其成功的秘诀，提倡发展各地区、各民族文学的优长，对促进中华民族文学的发展繁荣是有益的。

本卷为云南高校古籍整理项目之一。它在《云南历代文选》各卷中起步较早，而成书较晚，这是因为主编因事、因病延宕所致。参加选注的有刘竹、郝朴宁、吴培德、蔡川右、赵佳聪、余嘉华等。注释者已在各篇篇末署名，附录《云南历代诗文集索引》为萧霁虹所编。在本卷编写过程中，篇目经过多次调整，注释也有较多的删改补正。初校的校样仅正文就有一千四百多页，比现在多出三分之一。因篇幅与其他各卷过于悬殊，故精简至现在的规模。在删正过程中，易山编审做了大量细致的工作，吴培德、蔡川右二位先生亦协助主编对部分篇目作了修改补充。现在的完成稿，是集体劳动的结晶。云南教育出版社积极支持本丛书的立项出版。本丛书成稿后，得到中共云南省委宣传部领导的关怀，在出版经费上给予补助。云南师范大学科研处及老教授协会多方鼓励、督促。在此，谨对一切关心、帮助、支持本丛书出版的同志和单位，表示衷心的谢意！

（本文为《云南历代文选·诗词卷》前言，该书由云南教育出版社于2014年3月出版。）

云南古代碑刻初论

在保存史实和思想资料的载体中，古人对金石颇为看重。在经历了频繁的水、火、兵灾之后，竹简、丝帛、纸张等多化为灰烬，而金石往往保存完好。因而人们将坚固的友谊称为“金石之交”，最安全的计策称之为“金石之计”。

金，指古代在鼎、祭器等金属器物上铸铭文；石，指利用碑碣、摩崖等刻字，二者都以记载要事、颂扬功德，以求传诸久远为主旨。商周时期以钟鼎铭文为主；两汉金、石并盛，魏晋以后金少石多，至唐则碑碣大盛，铭于金者渐稀，宋至明清，立碑之风遍于朝野。研究碑刻内容、文字、特点的金石学应运而生。

云南青铜器多造型，少铭文，较中原方形大鼎、端庄礼器，多呈活泼之态，长于以图传情达意。如以晋宁石寨山、江川李家山出土的春秋战国至西汉的贮贝器、铜鼓等器皿上有“祈年”、“播种”、“上仓”、“杀人祭柱”、“纺织图”、“纳贡图”、“牛虎铜案”、“龙舟竞渡”等，但属于文字的除“滇王之印”外，只有一件账单式的图画文字。在残长 42 厘米、宽 12.5 厘米的铜片上，刻有孔雀、受刑奴隶、牛马羊虎头、背箩、角杯等等图像，还有表示单元的横线、表示数量的圆圈夹杂其间。它基本上是实物图录，抽象成分较少，似是汉字传入以前“滇”人的原始文字，与今存的纳西族象形文字有相似之处，是珍贵有趣的材料。到了东汉时期，今云南东北部出现了一批“堂狼洗”铭文，如“建初元年堂狼造”、“建初八年朱提造作”等。堂狼即今东川，朱提为今昭通。同时，汉文石刻出现，如昭通曹家老包梁堆中出土墓石，三面刻画：首龟蛇、次鹤、次凤，一面刻“建初九年三月戊子造”九字。建初为东汉章帝刘炟的年号，时为公元 76—83 年。清末在昭通白泥井出土汉《孟孝琚碑》，上残，据研究，该碑立于东汉永寿二年或三年（156—157 年），是迄今为止，云南最早的碑刻。

魏晋以降，云南碑刻、摩崖渐多，著名的如《爨宝子碑》，立于东晋义熙元年（405年）；《爨龙颜碑》，立于南朝宋大明二年（458年）。唐代则有安宁《王仁求碑》，立于唐武周圣历元年（698年）；大理《南诏德化碑》，立于唐代宗大历九年（766年）；丽江《格子吐蕃藏文画像碑》，立于贞元十年（794年）。宋存有大理国《段氏与三十七部会盟碑》，立于段素顺明政三年辛未（971年）；《护法明公德运碑赞》，刻于大理国龙兴三年（1158年）等十余通。元明清三代云南碑刻渐盛，遍及各民族各地区，数量众多，仅民国《新纂云南通志》卷九十六至一百所录明清两代碑刻要目达2300多条。

综览云南历代碑刻，有如下特点：

形式上的多样性。就应用的文字来说：有彝文，如禄劝明嘉靖摩崖石刻《罗婺盛世史》；有傣文，如清道光《西盟大寨傣文碑》；有藏文，如丽江唐代《格子吐蕃藏文画像碑》；有白文，如明代大理《山花碑》；有回鹘式蒙古文，如昆明筇竹寺《云南王藏经碑》；有满文、汉文并存碑，如宜良嘉庆《阮继冕神道碑》；梵文，如弥渡明代天顺五年（1461年）立的《故安人车氏墓铭》正面为汉文，背面刻梵文《佛顶尊胜陀罗尼神咒》。汉文，为云南碑刻的主体，占碑刻总数的百分之九十以上。

就碑刻的形式结构说：有圆形，如丽江石鼓明代嘉靖年间刻的《大功大胜克捷碣》；有圆柱形，如弥渡《南诏铁柱》；有半月形，如西盟《大寨傣文碑》；有多面体：四、六、八面不等，如昆明普坪村《追荐慈考赵氏墓幢》为八面体，三面刻汉文造幢记，五面刻梵文神咒；有摩崖，如盐津豆沙关唐代《袁滋题名摩崖》；有单石碑、双石碑、多石组碑，如《元世祖平云南碑》由上下二石拼接；大理凤仪《董氏族谱碑》共五石组成；有石刻群，如昆明安宁温泉，有碑、有摩崖题刻，仅摩崖就有 185 件，保山与永平之间的兰津渡，摩崖题刻亦有三十余件。

从书写的格式看：有从右至左直行，这是多数；有从左至右直行，如彝文碑；有从碑心向左右延伸直行，如丽江《木氏宗谱碑》；有横行从左至右，如藏文、傣文碑。有的碑刻有文有图：如立于清代道光年间的《西盟大寨傣文碑》，“碑上部正中刻天文图，表示建造吉祥日辰，碑身横书阴刻傣文十行，记述建塔年代及其经过”；又如明代《澜沧卫都指挥使杨贵文墓碑》，刻有《垦荒图》、《筑城图》，以彰其功；再如昆明黑龙潭《唐梅图》，刻唐梅并记，以存其古貌。

从结构看：有的只有碑文，有的上有碑额，下有碑座，左右配联，中间为碑文；有的碑文一行到底，有的将碑横分三段、四段。从体裁看，有诗词、绘画、记叙、传记、宗谱、游记、箴铭、敕谕、官司判词、题词等等。

内容上的丰富性。云南碑刻内容涉及政治、经济、宗教、文化、民族关系等各个重要领域，具有多方面的价值。

云南历史上发生一些重大事件，有的影响了云南历史进程，有的震动了中国西南乃至全国。碑刻详略不同地多有反映，从不同角度、不同侧面，补充正史记载的不足。比如唐代天宝年间，由于地方官员处理民族问题失当，爆发了洱海区域的民族战争。唐王朝两次出兵南诏，均全军覆没，损兵近二十万人，造成南诏、大理建立相对独立的政权达 501 年。此次战争结束后，南诏首领阁罗凤令人撰文刻成巨碑立于都城太和城门外，这就是著名的《南诏德化碑》。碑文详述天宝战争的起因和经过，表达不得已而叛唐的苦衷，歌颂阁罗凤平定云南全境的功绩，可补《新唐书》等记载之不足。综合战争双方的资料，可更加全面地认识这一历史事件。又如，公元1253年，忽必烈带领十万大军，分三路南下，平大理国，将云南重新纳入中央王朝的统治，结束了五百年南诏、大理国相对独立的历史。其后云南的政治经济中心又迁回昆明，大理作为云南政治中心的时代也结束了。因此，元世祖忽必烈平大理在云南历史上是一个转折，是一个划时代的标志。见证这一历史转折的是元《世祖平云南碑》。碑载忽必烈受命专征的时间、进军路线、攻大理城经过、战后设立郡县、清理户数、“立中书省于中庆（昆明）以统之”等情况，为研究宋末元初云南历史提供了第一手资料。结合《故大理路杨氏躬节仁义道济大师墓碑》等元碑，知忽必烈平大理时有当地人士协助招抚流亡、安定民心、稳定地方，忽必烈得以率军继续进攻鄯阐（昆明）。

云南西部与缅甸接壤，南部紧邻老挝、越南，国境线长达四千多公里，由于各种原因，边境上时有冲突发生。明万历十年至十一年，陇川岳凤、耿马罕虔等土司头人勾结缅甸统治者，发动分裂祖国的叛乱。叛军“破姚关、焚施甸、攻顺宁、寇猛淋、杀官军”，并谋“五路寇全滇”。滇西危急。朝廷令刘綎、邓子龙提兵驰援。历经多次斗智斗勇，浴血激战，“渠魁擒，诸夷贡，诸郡复，地方平”。为祭祀为国捐躯的将士，邓子龙建“恤忠祠”，他的部下李士达、姜忻撰《恤忠祠记》，详载此次战斗的原委、经过，对总结教训、建设边防有重要参考价值。与此事相近的还有明代正统（1436—1449年）年间王骥等“三征麓川”的战事，涉及面更宽、参与的人更多，这在保山明成化年间所立的《胡志墓碑》、大理明正德年间立的《鲍杰墓碑》及云南武定、蒙化、丽江诸土官的宗谱碑刻中均有不同程度的记载。

人物是历史舞台的中心，记述人物生平事迹、寄托悼念称颂之情的墓碑量多而质高。最初，埋于地下者称墓志，立于地上墓前者称墓表；后来，多简化为墓志铭立于墓前地表；为避风雨、求稳固而加墓顶、边柱、供台，组成墓券，券头饰以吉祥图案、佛像等，侧柱刻称颂联语等。墓志铭的结构，一般为标题、撰文、题额、书丹人名；记述墓主生平的小传，称志，多用散文；褒扬墓主的韵文，称铭；末为立碑者、立碑年月。有的只有志而无铭，有的全篇以韵文写成，可称特例。云南的人物碑刻，最早见于东汉，现存昭通《孟孝琚碑》，隶书，其中有“受韩诗，兼通《孝经》二卷”，称颂“孔子大圣”等语，可知汉文化传入云南，儒学受到尊崇。其后立于晋义熙元年的曲靖《爨宝子碑》、立于南朝宋大明二年的陆良《爨龙颜碑》，以当时风行的骈体文，记述爨氏的家族渊源，从中原迁滇后渐成望族，祖、父、龙颜三代先后任“晋宁建宁二郡太守、龙骧将军、宁州刺史”，“八郡监军”、“邛都县侯”、“护镇蛮校尉”等职，既可看出爨氏的地位，又反映出晋、宋王朝在云南设置的职官、郡县及中原文化与云南文化的紧密联系。其书法《爨宝子碑》在隶楷之间，结构古朴，拙中带巧，古气盎然，康有为称其书法“朴厚古茂，奇姿百出”。《爨龙颜碑》正书意味更浓，笔力雄强。康有为称“当为隶楷极则”，推为“神品第一”。

中国宋代，云南为大理国，中原文献对大理国内部情况记载甚少。而大理国内部实权则主要为高氏家族掌握，现存的楚雄紫溪山摩崖石刻《护法明公德运碑赞》（刻于 1185 年）、姚安《宝兴寺德化铭并序》（立于 1186

年）、楚雄《高生福墓志铭》（约立于1236年）以及立于昆明的拓东古幢《造幢记》、原立于祥云水目山的《大理国渊公之塔碑铭并序》（立于1220年）、《大理国故高姬墓铭并序》（立于1231年）等，记载了高氏家族的世系、业绩、与佛教的密切关系等，为研究大理国史及大理国文化提供了珍贵资料。

元代，亲征过云南的忽必烈，考虑到云南战略地位的重要，选派富有经验的大臣赛典赤为“平章政事行省云南”，于至元十一年（1274年）到任，成为云南设置行省以来第一任省长。赛典赤正确处理宗王（皇帝的亲属）与地方官员的关系，稳定了局势。同时采取措施把元初在云南设置的万户所、千户所、百户所等军管机构改置为路、府、州、县等行政机构，使权力集中、政出一门，将省会由大理迁到昆明（鄯阐）。他集中主要精力恢复和发展生产，减轻赋税，屯田垦荒，兴修水利；在昆明、大理等地创办文庙，发展教育，传播中原文化。这些显示出这位回族政治家的杰出才干，成为历代省长中“治滇”的成功范例。赵子元撰《赛平章德政碑》（或名《咸阳王庙记》）多侧面展示了赛典赤事迹。

明代，云南设立布政使司、提刑按察使司、都指挥使司，分别管理行政、司法、军队。凡重大事情由“三司”会审共决。总兵官由沐英家族世袭，有的还封为“王”、“公”，在“三司”中举足轻重，且连续统治云南约280年，对云南影响很深，今存文的王景常《黔宁昭靖王祠堂碑》、黄玉《黔宁王神道碑》、王直《定远忠敬王庙碑》、杨士奇《定远王沐公神道碑》、胡濙《定边伯沐公神道碑》、吴节《黔国荣康沐公神道碑》、李贤《总兵官都督沐公神道碑》、王伌《赞理都督沐公神道碑》、谢绶《太师武僖沐公神道碑》、林翰《参将锦衣卫都指挥使沐公神道碑》等系列沐氏碑文，记录了沐氏及明代云南的许多要事，为研究沐氏家族史乃至云南的政治、经济、军事、文化史都提供了重要史料，也为研究明王朝对边疆民族的治理策略提供了典型的例证。

为缅怀前贤，激励后人，在明清时期云南建立了一些先贤祠，塑像、立碑、树牌位，以供百姓瞻仰。先贤祠中奉祀的人物各地依据实际而定，《先贤碑》对人物的介绍详略不一，大多列其最主要最突出之点，如杨慎《临安府乡贤祠记》、林俊《永昌名宦乡贤祠记》，简洁恰切，惜墨如金。同时，一些部门，也将任主要职务者的姓名、籍贯、任期等刻于石，如建于明代的《云南按察司题名记》、《云南都司题名记》等，可惜多未坚持下来，只存若干片断。与此相较，某些家族的族谱石刻，较为系统完整，如大理凤仪镇《董氏族谱》清光绪十八年（1892年）立，记录自唐至清四十二代姓名、职官等，一至三十三世，世代习密宗阿吒力教，先后任都纲司、国师、清平官之职。禄劝法明村掌鸠河旁摩崖石刻《凤公世系》，记宋孝宗淳熙（1174—1189年）中，阿而被举为罗武部长至明嘉靖十二年（1533年）止，共350年间十四代十七世的主要事迹。另一方摩崖《武定军民府土官知府凤公世袭角色》略于元，详于明，止于弘治十三年（1500年），记凤英之世次履历。二碑对研究元明两代云南土司制度及当地的历史均有参考价值。

从事社会经济建设，改善人民生活条件，促进经济发展，是人类重要活动。如建城池、关哨以巩固政权、安定地方；开盐矿、铁矿、铜矿以供民用；修堤闸、沟渠，以利用水资源；修桥梁、辟道路以便交通等等。这些建设使用人力、财力甚巨。记述建设的碑刻，名目也较繁多。

水，是人民生活的必需品。水利，是农业的命脉。合理开发、利用、管理水资源，是关系国计民生的一大问题。各地的水利工程或由官府倡导组织，或由民间集资修建；在使用中，在水源、水量的分配上有纠纷时，或由官府断案，或由民间协商立约解决，多形成碑刻。如昆明地区《重浚海口记》（方良曙撰）、宜良的《汤池渠记》（平显撰）、滇南的《石屏水利记》（陈宣撰）、鹤庆《新开黑龙潭碑记》等，均记治水、引水、用水而使民得益者。在处理水利纠纷中，杨士云的《南供渠记》叙某豪强贿赂官府而占水，“民泣诉者相属”，后任者察实情，予以纠正，“追帖削册”，还水于众民，使“以数家之利，而亢千万亩之良；恣一夫之奸，而贻千万众之戚”的错案得以撤销。立于明万历四十三年的禄丰《前所军民与彻俄庄丁分水界碑》及《水利纠纷判决碑》，记屯军与当地彝族居民因争水而发生命案，当局判决军人可“依常规公平放水”，而杀人庄丁不偿命，特事特办，维护了军民关系。昆明《石鼻里水利碑》，由当时昆明县令胡崧立于万历元年（1573年），叙嘉靖十一、十二年（1532—1533年），沐府石鼻里庄田的管家仗势霸水，致使附近约1500亩的民田歉收，积恶连年，民愤迭起，控于官府，直达巡抚邹应龙。邹审清案情，据实上报，获部院批准，判令“各照田亩多寡，分为宽窄二股，各流灌溉，以免争紊”，对仗势欺人者予以惩处。这是明代“民告官”获胜的典型。而多处水源遇到使用纠纷时，经过协商，“依照原分军民水例、日期、分数，依例轮流灌田，栽插便益”，大理立有《洪武宣德年间大理府卫关里十八溪共三十五处军民分定水例碑》，规定每处军民用水比例。此类碑刻分布甚广，如宜良《小龙洞水永远碑记》、保山《轮放大海水规碑记》等等。有的水利碑，记述工程的结构、施工过程，展示了当时的科技水平，如江和撰昆明《新建松花坝石闸碑记铭》云：“创闸口高一丈三尺，长三丈二尺五寸，广一丈七尺五寸，牛舌尖中马头高一丈三尺，长二十六丈六尺。皆选石之最坚厚者，长短相制，高下相纽，如犬牙，如鱼贯，而钤以铁，灌以铅。闸仿诸漕，扃以巨枋，启闭如式。”可见工程主持者的匠心。

云南山高箐深、江河纵横、湖泊众多，民众来往多有不便，商贾负贩，常称艰难。设渡造桥，凿岩修路，改善交通成为要事。渡船，有皮筏、竹木筏、木船；渡口有官渡、义渡、民渡；造桥，有藤桥、铁索桥、石桥、木桥。重要的桥梁、渡口多有碑记。由于自然和人为的灾害，有的桥梁屡坏屡修。以保山与永平之间澜沧江上的兰津渡为例，仅在明代就有王臣、张志淳、郭春震、刘廷蕙、邓元岳等人先后撰写的霁虹桥修建或重修记。大理云龙县有清杜文秀起义时《新建飞龙桥碑记》及《续修飞龙桥碑记》，在战火纷飞中仍不忘建桥便民。巍山嘉靖间张烈文撰《建永春桥记》详于施工过程，其桥墩之建，先抽水掘河“深六尺余得实地，即累石密树墩基，墩中插列石柱十余，下横条础，参差犄角，隙缝填充泥砾，边石四围锁以铁锭，历级如是”，显出造桥质量之一斑。

造桥困难而又需要过江、河、湖者，设渡口，如宜良就存有康熙间窦若斗撰《河头营新造义船碑记》，乾隆三十九年张珊撰《盘江渡碑》等。昆明海口存有《豁免船役碑》。

漫长的古道上，曾经设过驿站、邮亭，现存云龙县

《大雒马山邮亭碑记》，记康熙间知州倡“建邮亭十数椽于大雒马山之巅”，供“往来憩息”。宜良存有立于乾隆二十八年的《靖安哨新建茶房碑记》，叙施善者于干道旁盖茶房三间“朝夕应济”，供行人茶水，百余年不息。此类碑刻显出古人对公益事业的热心。

文化建设是关系到民族文化的承传发展、全民文化素质提高的大事。学校建设是文化发展的重中之重。建文庙、兴书院、置义学的碑刻记录和保存下来的较多。元郭松年撰《中庆路大成庙记》(又作《中庆路儒学记》)、赵辅弼《创大理文庙碑》记述昆明于1274—1276年建文庙，大理于1285—1287年建文庙。又立于至元二十五年(1288年)的《大理路兴举学校记》碑称:“云南西陲，俗通天竺，徒事释氏之书，虽有设科取士，未得其正。”其与郭松年《大理行记》：大理盛佛教，僧人“往往读儒书，段氏而上有国家者设科选士，皆出此辈”，从不同侧面展示了大理国的教育特色，也肯定了元代创立庙学使教育逐渐与中原同步之功。同时临安(建水)、安宁等地的孔庙也相继建立，云南教育进入新的阶段。

随着教育的发展，庙学之外开办了不少书院。嘉靖年间昆明黄琮有《修建五华书院记》、杨士云有《新建楚雄府龙冈书院记》，曲靖唐时英有《靖阳书院记》、李元阳有《桂香书院记》等，主要记述创修各地书院经过、内部设置、学校田产、经费来源等。明代，云南所建书院约70余所，多有碑记，有的多次扩修，仍刻石记录。学宫、书院中，多设藏书楼，有的名尊经阁，各地的《尊经阁碑记》不少，有的有精心培植的花木，环境幽静，巍山文庙，明代即有《文庙花木记》。教育的成果，主要体现在人才培养上，而人才的选拔，在中国封建社会又主要靠科举制度的执行。省一级的考试，三年一次，云南的考试，初“假郡学或公馆以行其事”，景泰四年（1453年）才于长春观之旁建贡院，明弘治十二年（1499年）迁至北门内，今云大校址。明陈文《新建云南贡院记》、康熙《重修贡院碑记》对当时的试场、评卷、考生号舍均有记录。省一级考试（乡试）及次年在京城举行的会试考中者，依次称举人、进士，多安排一定的职务。为激励后来读书的青年，各地常将考中举人、进士者的名字刻成石碑，立于学宫、书院之中。如弘治辛酉(1501年)王臣撰《云南府儒学乡贡题名记》碑、成化十九年(1483年)何俊撰《澄江府科第题名碑记》等，以至于后来一些乡镇也立，如清道光年间尹祖澜撰《和顺乡两朝科甲题名录序》碑。可见风气之盛。

随着文化的发展，城乡居民文化需求日趋多样，戏曲、音乐等演出频繁，各地纷纷兴建戏台、成立戏班、组建乐会。如乾隆五十五年（1790年）宣威《楚圣宫重建戏楼碑》称此“戏楼其兴也已数十年”，多损坏，今重修，由此推之，当在清初所建。康熙四十六年（1707年）宜良《土主庙戏台碑记》述当地庙会节庆之时常歌舞演戏自娱，“会非戏则聚不久，聚不久则情不畅”，“非戏台何足观”，因而于土主庙旁建戏台，又据该戏台旁乾隆《重修土主庙碑》称“庙建自元初，修于明季”，“仲春赛会，称胜概焉”，当地的演出活动似可追溯到更早。昆明存有始建于康熙四十年(1701年)的《乐王庙碑记》抄件及乾隆年间立的《老郎宫观音殿碑记》，于捐款名单中列有当时昆明主要的戏班。澄江西龙潭有立于乾隆二十年（1755年)《轮流演戏碑记》，载明每年立夏及龙王庆诞，各村营轮流演戏，共二十二处。昆明官渡存有道光二十一年（1841年）立的《文明会大洞经坛碑记》，记述洞经音乐的由来等情况。蒙自新安所道光二十三年（1843年）立《洞经会捐资碑记》称“新安旧有文昌宫，昔之人倡洞经会于其中”。仲春之日，斋戒诵经，乐奏天章，“以宣大化而召天和，养人心而培元气”。

宗教信仰是云南各民族历史文化的重要组成部分。宗教信仰中包括原始宗教和外来宗教。为安放神祇，供信徒膜拜，各地均兴建宗教性建筑。供奉原始宗教的神祇山神、水神（龙王）、土主、城隍者，称庙；供奉佛教的佛与菩萨的建筑称寺（古称“梵刹”、“兰若”等）、塔、经幢等；供奉道教尊崇的神仙如玉皇大帝、太上老君、天尊等建筑称宫、观。这些寺、观、庙多是集中建筑、雕塑、绘画、书法的殿堂，是宗教文化活动的重要基地，也是休息游览的重要场所。它的兴建多体现了当地的经济和文化发展水平，记述其兴造的缘由、经过、捐资者的碑刻众多。

道教形成于汉末，张鲁的五斗米教遍行于巴蜀、汉中，云南亦受影响。至唐，南诏王与唐王朝代表于点苍山盟誓时，即将誓文一存于山，一埋于地，一沉于水，请三官作证。这已是典型的道教仪式。但云南道教在全国有一定地位却在明初。因洪武、永乐时掌管全国道教的刘渊然于永乐间谪云南，明洪熙元年（1425年）受召回京“领天下道事”，赐“长春真人”，给二品印诰。其徒邵以正继领道事后，于宣德年间在昆明龙泉观旁建长春真人祠，请陈循撰《龙泉观长春真人祠记》。刘渊然的另一位徒弟蒋日和则主持兴建昆明真庆观，宣德六年（1431年）周叙撰《重建真庆观记》、正统六年（1441年）金问撰《真庆观修造记》，均涉及这一史实。同时，明初中原大批人口迁入云南，道教信徒大增，各地的道观先后兴建。王景常《龙泉山道院记》称洪武甲戌（1394年）至乙亥（1395年）建“道院一区”。巍山县巍宝山，明宣德年间（1426—1435年）张志淳撰《玄珠观记》称：“相传唐之中叶，蒙氏强盛，蜀人有以黄白之术售于蒙诏者，蒙人俾即其地设蒙化观，以为修炼之所。”宣德间重修，“匾曰‘玄珠’，还其旧也”。各地道观多有“常住田”、“祭田”、“香火田”，多有碑记。巍山县还有《巍宝朝阳洞玄极宫新置常住水磨碑记》称“永支水磨，为香灯之举”。

道教宫观中，有的还以铜为殿。舒藻撰《重修太和宫碑记》中记述：明万历壬寅（1602年）在昆明鸣凤山（又名鹦鹉山）之巅，“仿照湖广武当山七十二峰之中峰修筑紫禁城，冶铜为殿，铸供真武祖师金身，其宫名曰‘太和’”。陈鹍撰《重修鸣凤山太和宫碑记》称“崇祯十年（1637年），巡抚张凤翮，（将铜殿）移之鸡足山”。“国朝（清）康熙九年（1670年）重修此殿。”今存昆明金殿即铸于此时。这些碑刻为昆明金殿的来龙去脉，提供了确切的记载。

佛寺、佛塔、幢的碑刻，云南今存者起于宋。宋在云南为大理国，佛教兴盛。姚安《兴宝寺德化铭并序》、《褒州阳派县嵇肃灵峰明帝记》（二碑刻于大理国元亨二年，即1186年），前碑作者署名为“皇都崇圣寺粉团侍郎、赏米黄绣手披、释儒才照僧录阇梨杨才照奉命撰”，后碑仅署“试郎杨才照奉命记”。前碑记高踰城光再建兴宝寺的经过，后碑称颂“嵇肃灵峰明帝”山神“灵佑”一方。二碑同刻一石，为佛教与原始宗教并存的佐证。出土于大理市挖色乡高兴村的《大理国释氏戒净建绘高兴兰若篆烛碑》（立于大理国安定四年，即1200年），叙述佛教理义，记信徒广施寺产，为国王及众生祈福，碑中所用田亩计数“一双三脚，当十八分”，“施香一城，分禾地一角”等，为当时大理民间习用语；“高兴兰若”，即高兴寺；“篆烛碑”即常住碑；“天王嘌兴”指段智兴。原立于祥云县水目山的《大理国渊公塔之碑铭并序》，楚州赵佑撰，立于大理国段智祥天开十六年（1220年），记渊公（高皎渊）二十岁出家至六十六岁圆寂，他对佛学要义的体悟，富于佛教哲理。昆明今存《大理国佛弟子议事布燮袁豆光敬造佛顶尊胜宝幢记》，为“皇都大佛顶寺都知天下四部众洞明儒释、慈济大师段进全述”。此幢之建，一为幢主高明生超荐圆功，二为建幢者袁豆光表功，袁曾去宋廷和大理求救，扶助幼主，转危为安。碑文内容儒释并杂，以儒为主，较之佛学味浓的《渊公碑》，另具特点。

元代由于统治者的提倡，佛学盛行。立于大德三年（1299年）的昆明《大胜寺修造记》，称云南当政者“修葺云南诸寺大小一千余所，特于大胜寺躬为主盟”。立于元至大庚戌（1310年）的《大元洪镜雄辩法师塔铭》（杨载仲撰文）记述洪镜于1254年到中原，随四位大师学习佛典二十五年，回到昆明后“登班集之坛”，以“僰人”之语说法讲经，被尊为“雄辩大师”。同时各地兴建或重修佛寺，时任“云南诸路肃政廉访使”的李源道撰有《创修圆通寺记》（立于延祐七年庚申，即1320年）、《大崇寺碑铭并序》（立于泰定二年岁次乙丑，即1325年）、《万春山真觉禅寺记》（立于至元六年岁在庚辰，即1340年），撰后二碑时李源道任“云南诸路行省参知政事”。此外，杨兴贤撰武定《狮山建正续禅寺碑记》（1320年立），述律杰撰《启建华亭山大圆觉寺碑文》（1344年立）、《重修大胜寺碑铭并序》（立于1352年）等等。由此可见昆明、大理、禄丰黑井、武定在元代佛教的传播与佛寺的修建情况。

云南佛教在元代得到发展与统治者的提倡保护分不开。昆明筇竹寺存有元仁宗丙辰（1316年）颁布白话《圣旨碑》，其背面有蒙文《云南王藏经碑》，主旨是讲中央王朝和云南官员保护寺产，免除差役。在大理也有《元大崇圣寺圣旨碑》，立于泰定乙丑（1325年），内容也是保护寺产。皇权与神权的结合，在云南元代碑刻中体现得较为明显。

明清两代云南佛寺的修建面广量多，寺庙碑刻的作者汉、白、彝、傣、藏、纳西等民族都有。在滇南通海秀山有《普光山智照兰若碑》，立于宣光七年丁巳（洪武十年，即1377年），记秀山佛寺始建于“道隆己酉十一年”，道隆为大理国段兴祥年号，其年为公元1249年。碑阳详述铁牛和尚及王氏一门于元代开拓普光寺；碑阴记寺产田地及价格等。王景常有《重修涌金寺记》（立于明洪武间）述铁牛之大弟子月智辟建涌金寺，其后联山、慧庭等相继，至明，镜涵又重修。从另一寺的兴废，说明了秀山佛寺的发展史。在昆明地区较有代表性的有郭文撰《重建玉案山筇竹禅寺记》，“宣德九年岁在甲寅（1434年）”立；杨慎《重修曹溪寺记》，“嘉靖癸巳（1533年）”立。在宜良有真澄撰《重修温泉寺碑记》，“万历丙申年（1596年）”立。在楚雄大姚苍街有陶珽撰《新开妙峰山德云寺常住碑记》，立于“明崇祯五年壬申（1632年）”。在祥云县水目山有杨华严寿撰《水目寺碑铭》，立于“天顺七年（1463年）”，后有李元阳、杨士宗各撰水目山《诸祖缘起碑》，立于康熙九年（1670年）。在宾川鸡足山谢肇淛撰有《悉檀寺碑铭》，立于明泰昌庚申（1620年），李元阳、阮尚宾、孙愈贤、大错等撰有系列碑刻。在大理洱源有《段信苴宝摩崖碑》立于至正三十年（洪武三年，1370年），大理喜洲有杨黼撰《山花碑》立于景泰元年（1450年），二者均用汉字记白音，或称“白文碑”。前者记述建寺、塑像及寺产；后者将山水、佛寺、佛理、人生融为一体，耐人寻味；以两个“三七一五”的“山花体”为一韵，音调铿锵。在丽江，木高撰有《万德宫记》，立于嘉靖三十五年（1556年）。在德钦县有藏文《法王皇帝圣旨碑》，刻有“圣称四川左布政之印”，印主当为丽江木增，立于“饶迥擦巴铁阴蛇年”，为崇祯十四年，公元1641年。内容是协调藏区佛教萨迦、格鲁、噶举等各教派之间的关系，对施主“不分善恶，不分远近”，允许他们对佛“恭敬供养”，以“远离痛苦”。在西双版纳勐海县景勐混村有傣文《勐混景恩塔石碑》，二方，记“景恩塔于傣历141年（779年）、1133年（1771年）、1139年（1777年）三次修整”，立于清乾隆年间，具体年代待考。另外在西双版纳景洪县大勐龙也曾发现建于傣历1162年（1800年）的石碑，内容为战胜侵略者，重建佛寺所立的纪念碑，碑首“有四幅九曜位置图，碑文用老傣文书写”（见张公瑾:《傣族文化研究》，134—137页，云南民族出版社，1988）。由上述碑刻可见明清时代汉传佛教、藏传佛教、南传佛教，或称大乘、小乘（上座部）、密宗等佛教在云南均有流传，在不同的地区有各自的佛寺、信众、僧侣。

佛教传入云南后，还产生过阿吒利教（又作阿阇梨、阿左梨、阿拶哩等），为佛教密宗派别与云南白族、彝族等原始宗教及汉族的儒家思想习俗相融合，而形成于云南的特殊教派，盛于南诏、大理，元明以后逐渐衰落。大理现存阿吒利僧人墓碑甚多，如元至正五年（1345年）立的《故神功梵德大阿左梨释道宗墓碑》述大理赵氏在元任“大阿左梨”的盛况；洪武二十七年颁的《明赐国师董贤圣旨碑》称董氏“历朝护国，累代神通”；立于明永乐辛丑（1421年）《赵州南山大法藏寺碑》记阿拶哩董贤赴京为皇帝诵经作法事，获殊荣；立于清道光二十一年的《大我寺碑》叙董氏在明清的盛衰；至光绪十八年的《董氏宗谱碑》，将唐至清董氏从国师至平民的历程作了记录。

塔与佛寺往往密不可分。云南的塔有楼阁式的，如大理三塔、昆明东西寺塔；金刚宝座式的，如西双版纳曼飞龙群塔、昆明官渡金刚塔；磬锤塔，如大姚白塔；方形塔，如建水文笔塔等等。造塔的目的，有的是为安放佛祖、高僧的舍利、佛像、经书，有的是为镇邪除害，有的是为文风兴盛，有的则为保护水源等等。这在建塔碑中有各种各样的说明。如昆明《妙应兰若塔记》（赵政惠撰，立于元贞元年，即 1295 年）称“宝塔即灵牙、舍利之踪”，“一心皈依，便获无边福利”。昆明官渡《新建妙湛寺石塔记》，立于明天顺二年（1458 年），说寺建于元，天顺重修时建塔，“因俗为化”。大理《重修佛图塔记》，立于万历乙亥（1575 年），赵纯一撰，碑文说：“我苍山有十八峰，峰皆有溪，溪皆有龙。禹未治时妖龙为害，泛滥无时。故各峰各麓，皆建寺造塔以镇之。盖以龙之性畏塔，而以此胜彼，使不得以放恣也。”大理三塔塔基东面有“永镇山川”四个大字，为明黔国公沐英裔孙沐世阶所书。立于乾隆辛亥（1791 年）《重修崇圣寺塔记》说得更明白：“叶榆古称泽国，多水患，昔人置佛图镇之，所在多有，而崇圣寺前者为最。”洱源县凤羽乡登东村天马山上的镇蝗塔，有残碑石片，刻有“凤羽一区，西靠罗坪，高峰耸岭，或飙风暴雨，或螟螣旱溢，败坏禾苗粟实”，为镇虫保收，特建此塔。石林县（原路南县）城东南8公里的阿子龙山上有文笔塔，于光绪丙申至己亥（1896—1899年）重修时，刻有《文笔赞》和《塔词》称“昔人以其平衍建文笔，后人才辈出”云云。宜良县城东七星村《启文塔碑记》，认为该地风水已有水火金土而缺木，故建塔“以作立木”，“得五行之正气，贤哲挺生，人文蔚起”。勐海县勐满塔半勐位于南满河畔。半勐，傣语意为堵住坝子。塔建于坝子出口山丘顶部，意在把财、福堵在坝子中。另一类塔是存放僧人遗骨的，如昆明筇竹寺《雄辩法师塔铭》立于元至大庚戌（1310年）；又如水目山塔林，约有五六十座，有的一座塔下有墓室，室内又存数十个骨灰罐，为水目寺建近1200年以来历代所积，少数有塔铭。西双版纳一带有井塔，即在水井上建塔形小屋以保护水源，以“普济众生”。云南塔在建筑形式、风格、用途上的丰富多样，各类塔铭、题额亦值得关注。

民间信仰，在云南各民族各地区有同有异，各具特点。如山神、水神（南诏时曾封云南境内的“五岳四渎”，各地又有江河湖泊、龙潭）、土主、本主（白族地区的本主又分若干类，数十位）、寨神、勐神；金马、碧鸡、火神、雷神、药王、三灵、五灵等等，都曾设庙祭祀，有的立有碑刻。在昆明元代王升有《大灵庙记》，其略曰："蒙氏威成王尊信摩诃迦罗大黑天神，始立庙，肖像祀之，其灵赫然。""至今滇人之无间远迩，遇水旱疾疫，祷无不应者。""威成王"为南诏盛罗皮封号（712—728年在位）。《南诏野史·盛罗皮》有"开元二年"，"立土主庙"的记载。至明代成化壬辰（1472年）有童轩《昆阳州重修滇池神庙记》，"除水患以即田功"。宣德乙卯（1435年）有柯暹撰《重修五灵庙记》，五灵原为五龙，"祀吴客三真君、清源妙道真君、崇宁至道真君、碧山土主之神"，碑文又解释"三真君"为"周后王时三谏官"，游吴，用神策为吴降楚，以功升迁。清源，姓赵，曾"斩蛟"。崇宁，即关羽；碧山，即赵子龙，皆蜀中名将。大理杨安道撰，立于明景泰元年（1450年）的《三灵庙记》碑称"一灵乃吐蕃之酋长，二灵乃唐之大将，三灵乃蒙诏神武王偏妃之子也"，反映了吐蕃、唐、南诏在这一地区的深刻影响。在大理挖色乡挖色本主庙内，有杨述撰，立于明宣德六年（1431年）的《重修白口堂神庙记碑》，说该庙大殿“中塑奠摩诃迦罗大黑天神，左右辅翼亦塑五坛大神”。巍山县东山土主庙内有张锦蕴撰，立于康熙四十四年（1705年）的《嵯耶庙碑记》，记南诏第十二王隆舜“庙曰嵯耶，谥曰宣武”。据《南诏野史·隆舜》，他曾改元“嵯耶”。大理下关镇龙王庙有赵仪撰，立于明正德二年（1507年）的《重修龙王庙记》说：“龙王姓李，起自大唐，将军领命南巡，至此而终，遂□□贞感而威灵主庙。”此龙王庙后演变为本主庙，庙亦称“将军庙”，可约知本主由自然神崇拜到人物神崇拜的演变。丽江玉龙雪山麓白沙乡有北岳庙，庙中有木公撰，立于明嘉靖己未（1559年）的《重修北岳庙记》，称“岳自唐代宗大历十四年（779年）异牟寻”，“封玉龙为北岳”，始建殿，祀岳神。其后将北岳神化为一员骑白马的战将三多，阴护纳西征战，屡屡获胜，山神与人神合二而一。在楚雄禄丰黑井康熙《重修七局龙祠碑》称：“有李阿召者，居七局村，养一黑牛，日饮井水，肥泽异他牛。一旦失所在，迹之，因得卤泉，白蒙氏开之，是为黑井。”后建祠祀奉。大理市《南经庄重建本主祠碑记》称“以庄名者，惟南经庄一村”。“村中多异姓，或曰从颍川侯傅公南征而落业于此，或曰由南京应天府迁居而卜地于此”，共建本主祠“中供本主护国安邦持灵景帝，并本主娘娘，左供伽蓝土主、观音老祖，右供新王太子”。这表明中原移民也随当地习俗信奉本主，而且是综合性的。在保山明代永乐乙酉（1405年）刘寅撰《龙王庙记》，称保山城旁有龙泉，“俗又呼九隆池，岂蒙氏之先，女子沙壹（又作沙壶）。触沉木于是而生九隆（龙）？”将龙王与祖先崇拜融为一体，建祠祭祀。

乡规民约、训诫警示，是先民培养社会公德、教育子孙的重要手段，也是碑刻中富于哲理和现实意义的内容之一。

土官，是民族的代表人物，治家从政，多有识见。邓川州土官知州阿骥于明正德三年（1508年）在《邓川州土官知州阿氏五世墓表》碑阴刻《万年金鉴》碑，他环顾四周，见世袭仕滇者数十家“率多事威福于前”、“醉梦于富贵之中”，家业难保。为此“编写己意，为句以告”：“为宗子者（官位继承人），上忠朝廷，下恤黎庶。

明尊礼法，幽事鬼神。亲君子以求古今善猷，远小人以防谗谮败事。地方有害即除之，有利则兴之。不迷酒色，不荒燕游。不肯务繁而懈怠，不以年迈而改易。常思一身系一方之安危，用人处事不可轻易。”对庶子（次子以下，非官位继承人），也具体提出了要求，望“人人遵依而行”。明嘉靖七年（1528 年）丽江土知府木公在《建木氏勋祠自记》中语重心长地说：“后之子孙，念祖宗之艰，述我所为善，内不可耽于酒色，外不可荒于犬马。惟立身行己，克恭克敬，勿亵尔神，勿怠尔心。学书学礼，忠君至恳，爱民至专，孝亲至勤，祀神至诚，训子至要。此五者，蓄诸内而行诸外，垂诸子孙，庶几永久勿替。”这五“至”、二“不可”是木氏数百年发展的历史经验的总结，体现了木公的价值取向。洱源县旧州村有立于明正德十四年（1519 年）的《洗心泉诫碑》，由泉及人，提出“为父善，为母慈”等十六“为”，“不可赌博”等四十九“不可”，将社会公德的方方面面作了说明，希望村民“早晚常闻，常见此诫，各洗其心，以去恶而崇善”。作者致仕御史杨南金，对培养年轻一代思深虑远，另有《先哲居家四箴及趋避之图碑》，精警凝练，令人深省。

植树护林、珍惜水源，保持生态平衡，改善生存环境，是关系百姓切身利益的要事。为此，各地居民反复协商，多方酝酿，制定了一系列的乡规民约共同遵守。楚雄州禄丰县川街乡有立于清嘉庆十三年（1808年）的《阿纳村护林封山碑》，其中说："山有草木，如人有衣服"，"水虽为要，树之为根"，"非水人不生活，是性命之源"，因而推举公平正直的人为"树长"以护林。禄丰黑井镇三道河上村有《永警于斯碑》，为村民文杨芳于清道光二十年（1840年）自立，检讨误将"豚菜"拿到"阖村吃水沟内泡洗"，违反了当地回民风俗，被罚银三十两，并"垂石以警"。在大理有清道光二年（1822年）宋湘所撰的《种松碑》，记载他在大理任巡道时"买松子三石，课民种于三塔寺后"，六年过去了，松树已成长，喜而有感，发出"何时再买三千石，遍种云中十九峰"的心愿。大理市下关镇东旧铺村本主庙内立有乾隆四十五年"赤铺合村士庶同立"的《护松碑》，明确"合村公众种松之主山，永为公山"，私人不得侵占砍伐。此类护林碑，富宁、丽江、双柏、宜良、会泽等地都有遗存。

近代以来，鸦片传入，吸毒之风，为祸甚烈；赌博盗窃亦多蔓延。各地人士深知“欲厚风俗，当正人心；欲正人心，尤必先除恶习”。因此各地先后制定乡规乡约，禁赌博、禁吸毒。宜良县万户庄朝阳寺存《乡规碑》二通，分别立于乾隆十四年（1749年）、三十年（1765年）。前一块列：崇礼让、敦信义、禁砍伐、禁践踏、禁偷窃等项及违者处罚细则。后者，进一步完善，列为十项，增加了对“交结匪人并流落贼盗娼妓者”、“赌博、成群滋事者”的处罚条例。武定县万德乡原那土司衙门内存有《万德禁赌碑》，为光绪三十三年（1907年）“合乡头目公议同立”。其中说：赌博“乃倾家之根，出命盗之源”，以郑占奎等“贪心套赌、图财谋命”为例，告诫民众，永禁赌博，刻石立碑，永远遵行。大理赵州（今凤仪镇）兴隆村于清光绪甲辰（1904年）“合村老幼人等合立”《永远戒赌碑文》。曲靖市三宝镇雅户村小庙内，有立于道光二十年（1840年）的《雅户乡规民约碑》，其中有“一戒聚赌窝赃”，“一戒贩卖芙蓉（鸦片）”等内容。昆明西山区沙朗大村有立于光绪二十五年（1899年）的《禁烟禁赌告示碑》，针对有人以开茶馆为名，暗中设烟灯赌具，引诱良家子弟，致使不少人“倾家荡产，废耕失业”，甚至危害乡里的现实，严禁吸大烟、暗赌博。此告示为云南总督谭钧培所发，村民刻石永志，以挽颓风。

司法碑与诰封碑，借官方或皇权以确定自己的地位。云南所存司法碑甚多，前述水利碑中已涉及。现再举数例：西双版纳勐腊县易武古镇原石屏会馆存有《断案碑记》，为茶商张应兆等人于清道光十八年（1838年）所立。勐腊为著名普洱茶主产地，茶商们因茶价低而茶税高向易武土官陈情，受到迫害。复上告，普洱府黄主訊断案，提高茶价，减低茶税，限制了土官的部分特权。碑首有双凤朝阳图，图下有“永远尊奉”四字，足见立碑人对它的珍视。又如楚雄州元谋县姜驿乡土主庙（现小学）内，有环洲甸土舍李宗唐于清康熙三十八年奉文，康熙四十七年（1708年）立石的《为疆界滇蜀各有攸分等事抄白》碑。姜驿为云南省楚雄州在金沙江以北的一个乡，明清时属武定府环州土舍李氏管辖，1955年11月划归元谋县。康熙三十五年（1696年）四川黎溪土司自必仁欲侵占姜驿齐戛十四村地盘，以蜀绅耆倪应壁等捏词上告到四川建昌卫、四川提督等处。经实地勘察，“查征收钱粮册票及舆图志书，姜驿齐戛等村世隶我滇，燎若指掌”。遂由云贵总督王继文、云南巡抚石文晟，请四川提督等共同批示，遵守原划疆界，“勒令自必仁将所劫李宗唐人口、牲畜”“逐一追出，解滇还给原主”。此一省际公案得以了结，至今，姜驿256.8平方公里，11个村公所，105个自然村，仍属元谋县管辖。

云南各地军政官员有的受过中央王朝的封赏，为使这些敕诰永存，有的刻成石碑。如大理凤仪镇北汤天董氏宗祠内有《明赐国师董贤圣旨碑》称董贤“三次赴诏，有劳有功”，特颁旨“军免军差，民免民役”，洪武二十七年（1394年）刻石。大理白族自治州宾川县鸡足山悉檀寺有《敕谕云南大理府宾川州鸡足山祝国悉檀寺颁赐藏经碑》，内容为应木增奏请藏经，特允颁赐，时为天启四年（1624年）。在文山壮族苗族自治州富宁县龙头井村有三块《诰命碑》，内容为抄刻清王朝在乾隆、嘉庆年间，赐封富州世袭土知州沈灿、沈毓栋、沈佩玙为奉直大夫和赐封其妻的诰命，刻于道光十年（1830年）。在明清一人荣升，父、祖两代亦给予褒扬，颁给诰命。

如陆良县水麦田有《奉天诰命》碑，该村陈旭升任河南南阳府邓州知州，是长辈教子有方“泽堪启后”，故赐其父陈汝明“奉直大夫、河南南阳府邓州知州”之诰命，赠其母为“宜人”。时为乾隆四十二年（1777 年）。陆良黄官营有《奉天诰命碑》，立于嘉庆十四年（1809 年）。楚雄双柏县妥甸镇会房村王氏祖茔，立有《同治帝诰封王氏四代圣旨碑》，颁于同治三年（1864 年），刻于光绪庚辰（1880 年）。更多的敕谕、诰封文字，编入各地的家谱、志书，或作专书精印。原件亦有珍藏至今者。

以上所列纪事、人物（含乡贤碑、家族世系碑）、建设（含城建、水利、造桥、设渡、驿站）、文化（文庙、书院、贡院、乡贡题名、戏台、乐会）、宗教（道观、佛寺、藏经、阿吒利教、建塔）、民间信仰（山神、水神、土主、本主、寨神、勐神、大黑天神）、乡规民约、训诫警世（治家格言、封山育林、珍爱水源、禁毒禁赌）、司法、诰封（茶案、边界纠纷、封官免差）等等，虽仅云南碑刻的百分之一二，但约可窥见其丰富性和独特性。这些碑刻，多与云南的政治、经济、文化发展密切相关，与云南各民族的宗教信仰、思想感情、理想愿望息息相通，其丰厚的内涵、鲜明的地方性和民族性，为其他地方的碑刻所无法替代。

由于碑刻具有多方面的价值，很早就引起人们的注意，明代官修的省志如《景泰云南图经志书》、万历《云南通志》、天启《滇志》选录了若干碑文；一些著名文人，如杨士云、李元阳、杨升庵等将他们所撰的碑文辑入文集，收录于族谱中。各府、州、县志书也将相关碑刻录入。至清，除地方志续有著录外，碑刻被选入各种总集。嘉庆初年袁文揆、袁文典辑刻的《滇南文略》，师范在安徽望江纂辑的《滇系》收录了部分云南碑刻。道光八年（1828年）阮福刊《滇南古金石录》一卷。民国年间，秦光玉等编《滇文丛录》100卷，其中志传、杂记选了不少碑文。民国《新纂云南通志》列《金石考》一门，以20卷的篇幅列碑刻金石。元代以前的录文，有的附跋；明代以后的仅列目，注明碑刻所在地，撰文、立碑人的姓名等。同时，方树梅先生纂辑的《滇南碑传集》32卷，以人物为中心，以传为主、碑刻为辅，收录三百余人的碑传。

为了继承和发扬民族优秀传统文化，让广大青少年对云南古代碑刻有所了解，我们编选了这部《云南历代文选·碑刻卷》。前言简介云南碑刻的风貌；正文选录云南较有代表性的碑刻100篇，对作者作简介，对碑文加以简评、标点，对疑难字词句作了注释；书末附录云南历代碑刻要目，进一步拓宽读者的视野，希望对有兴趣的读者和研究者有所裨益。

中国向有请名士高僧作碑的风尚，云南亦然。由于撰者多是饱学之士，或深于传统典籍，或精于宗教义理，或二者兼而有之。因而撰写碑文时，力求典雅凝练，或运用典故古语，或熔炼哲理教义，或插入地方民族历史、地理、人物，使得有的碑文难以断句读懂。有的书籍虽录文却不标点，有的粗加标点，疑误之处甚多；注释者更为稀少。本书所注碑刻绝大多数属垦荒性质，加上注者学力有限，不确或失误之处，还望读者指正。

本书是靠集体智慧选注编辑而成的。注释者依正文出现先后次序为：余嘉华、张二朴、何磊、蔡川右、杨发恩、吴培德、梁春域、赵佳聪、杨莉、康春华、朱桂昌等，已于各篇篇末署名。庞玉周参加了本书前期的选目及组织工作。本卷副主编吴培德先生审阅了大部分书稿。朱桂昌先生审读过部分校样。本丛书主编之一易山先生在统一体例、修改文稿上作了大量细致的工作。由于成书时间较长，本丛书的副主编张德鸿教授、本卷选注者之一蔡川右教授已不幸先后去世，在此谨表深切的哀悼。

本书选文原主要依据明、清、民国时期的地方志。在选注过程中，各地出现了一批碑刻研究的新成果，如《大理丛书·金石篇》（杨世钰总主编、张树芳分编，中国社会科学出版社，1993）、《曲靖石刻》（徐发苍主编，云南民族出版社，1999）、《楚雄历代碑刻（张方玉主编，云南民族出版社，2005）等。各书多根据碑刻拓片或照片录文，编辑严谨，错讹较少。我们根据这些书籍，或更换了录文版本，或用以参考校核，纠正了若干讹误。在此谨对各书的编写者致以深深的谢意。

本卷立项时，得到云南高校古籍整理研究委员会的支持，书稿编成后，得到中共云南省宣传部的鼓励及专项资助。云南教育出版社从立项到出版，自始至终都给予关怀和支持。云南师范大学科研处亦多方提供方便。在此，一并致以诚挚的谢意。

（本文为《云南历代文选·碑刻卷》前言，该书由云南教育出版于2014年3月出版。）

云南古代论说及记事散文浅谈

中国古代的散文，是与韵文相对而言。包括论说（奏议、论说、原解等）、杂记（人物、事件、山水、名胜等记）、序跋（书画、寿喜、离别、上任等）、书牍（上书、与亲友等）、箴铭（规劝、告诫、自勉）、哀祭（天地、山川、神祇、人物）、传状（传记、行状等）、碑志（碑文、墓志等）、公牍（檄文、诏令、敕诰等）、典志（典章制度、地方史志）、辞赋等等。本丛书已将碑刻、人物传记、游记、辞赋、文论等单独列卷。本卷所选侧重于有关云南的论说、杂记类的散文。

在论说文中，名目甚多，其中有两类为常见：一类是古代臣子给帝王的上书，有章、奏、表、议、疏、封事、对策、奏折等不同的名称。这些名称与上书的内容或功用有关：章，用于谢恩；奏，用于揭发问题；表，用于陈述衷情、庆贺、贡物；议，用于陈述不同意见；疏，逐条陈述；封事，为机密奏议；对策，帝王出题，应者陈述己见；奏折，是奏议用的纸须经折叠而得名。在古代，能给皇帝上书的，是有相当级别的官员。另一类是文化人用于论述或说明的文章，其名称有论、辩、辨、原、说、解等等。论，重于推断事理，其特征在“立”；辩、辨，驳议、辨析，侧重于“破”；原，推本求源；说，说明事理；解，解释疑难。

在论说文中，奏议颇受重视。作者多为谏官、重臣；所谈内容，多为关系国计民生、吏治边防大事，是针对当时社会中某一重要问题而作出的分析，提出的建言、对策。奏议的深度、建言的可行度，体现着一代朝臣识见的高低，执政能力的大小。批阅奏议，是皇帝处理政务的一个重要方面。官员们的奏议一旦被采纳，便有可能付诸实践，在社会生活中产生影响。奏议采纳的多少、重要程度，也影响着官员的荣辱升迁。因此，有的奏议，为官员精心撰写之作，不乏较为优秀的作品。以云南而言，明清两代奏议存文甚多。如明代中叶杨一清有《关中奏议》《吏部献纳稿》《宸翰录》《密谕录》《阁谕录》

等，许多奏议论述精辟、措施得当。如《论云南夷情奏疏》以明嘉靖七年（1528 年）寻甸土司安铨反叛为例，由于“贪官嗜利，法官舞文”，“各地土官衙门有十余年、有二三十年未得袭职”，以致“怀怨积愤”，酿成祸患；加之两任云南巡抚“一病懦”，“一庸人”，缺乏威望才干，对突发事件不能恰当处置。为此，建议通查一省土司，未得袭职者，就地袭职；特选素有威望重臣一员，任云南巡抚，以总制或提督军务。显示出杨一清历练深、识见广、夷情熟、谋事切的特点。稍后明代隆庆年间任云南布政使的陈善有《土官袭职议》，从云南布政使司所属吏房等部门，借土官申报承袭之机，巧立名目，敲诈勒索，诈骗巨额钱财，奸弊丛生的现实出发，提出如遇土官告袭，限日上报；衙门若有伺机行骗者，严行查问。这样，“夷情可顺而弊端可厘”。提问题，讲危害，言辞尖锐；谈对策，定措施，切实可行。杨一清在朝廷做官，陈善在地方执政，地位不同，提出的问题却是相近：做好土司承袭，处理好与民族上层的关系，稳定边疆，关键的一环是严惩贪官，选派得力大员。

在地方上当政的官员既要执行朝廷旨意，也要体察民情，反映民意。明嘉靖年间，朝廷多次征采大理石，其中嘉靖四十年（1561年）征采五十块，“见方七尺五块，六尺八块……”尺寸高大、石料难寻；体量重，难扛运；山道崎岖，路程遥远，舟楫不通，途中破损；重复采补，终难完命；民夫逃亡，军民泣啼。巡抚蒋宗鲁，冒罪上疏，尺寸小者，先行采办；尺寸大者请停免，“以苏民艰”。文中引述民语陈情，并加作者分析，效忠朝廷与关心民瘼兼顾，重心在于体恤民情，地方官微妙的心态触手可感。稍后于蒋宗鲁任云南巡抚的陈用宾，遇到的是朝廷命采宝石进贡。宝石有红、蓝、黄、白之分，以红宝石为贵；另一类为玉石，有翠绿、艳绿、豆绿、水绿、绸阳绿、透阳绿，有藻草绿花、藻草蓝花各种。宝石主产区在猛密土司辖区抹谷，玉石主产区在猛拱土司辖区老山。这些地区陈用宾来云南时已归缅甸多年。明万历七年至十一年（1579—1583年），刘綎、邓子龙等平定土司勾结缅军寇滇西之乱。二十年至二十一年（1592—1593年）缅军又再次入侵。中缅边境的安全形势严峻。此时明朝廷传旨要采进宝石，继后又派太监杨荣前来督率“开采解进”。陈用宾认为：开井采宝，聚数千之兵保护，必起边衅；敞开国门，则藩篱必撤，安全难保。特上《罢采宝井疏》《陈言开采疏》，将“宝井采买之役亟赐罢免”。在特定时代，以国家和人民的安全为上，陈用宾特事特办，是从实际出发的有识之举。当然他也为自己留了一条后路：“宝石，俟臣等恢复猛密之日，令彼夷酋，任土作贡。虽未敢必，实为至愿。”他还劝阻朝廷派太监来，以免引起事端。后太监杨荣来滇，恣行威福，引众愤，被杀，时为万历三十四年（1606年）正月。明代后期任云南巡抚的沈儆炌，于万历四十八年（1620年）八月，上《请蠲贡金疏》。当时明王朝为应付辽东战事，在原赋税的基础上，向全国加派每亩九厘，云南增派地亩银一万六千一百六十四两；接着，在原额二千两贡金的基础上，增金三千两黄金。就在这一年，云南多事：滇南大水，滇东风灾，易门地陷死二百余人；省城旱，米价腾贵；元谋、猛卯、罗次等先后地震；建水土酋勾结交趾兵入犯，云龙州土酋构衅，黔蜀土酋反，调兵剿。添兵添饷，势不能免。百姓困不能支，难糊其口。为此，沈儆炌上书“欲少留涓滴以活滇人之命，则惟有请蠲（免除）黄金一节而已”。又说：“臣度眼前光景，金价绝无所出，来岁贡金决不能办，臣唯有与地方诸臣，席藁以待斧钺尔已。”与阿谀逢迎或明哲保身的官吏相较，为民请命，不惧杀头，准备草席裹尸的沈儆炌，作为一位封建官吏难能可贵。斩钉截铁的语言，其坚毅果敢思想性格，在字里行间浮现。

怎样治理和开发云南，历代当政者从不同的角度提出了自己的建议。清初曾任刑部、兵部、户部尚书的永昌人王弘祚在《筹划滇疆五条疏》中陈述：云南边远，官员履任、交接多费时日，常“官席未暖”就升迁，不利于地方治理，宜适当延长任期；云南久经战乱，民生凋残，酌量蠲免赋税；滇省矿藏丰富，适当扩大采矿，以利增加收入；前朝投诚人员宜解散，州县之官宜由朝廷委派，此针对吴三桂自行选官及扩军而言，有防范结党之意。体现作者对桑梓的关切，对百姓的体恤，对中央集权的维护。杨朝栋的《筹滇开路疏》，在滇黔通道因战乱被阻时，建议开辟完善从四川成都经建昌（西昌）、会川（会理）抵滇中的通道，以利仕宦商旅往来，亦便援黔。是为熟知滇情之论。其余如李发甲《请澄清吏治疏》、杨永斌《奏采买米谷以平市价折》、程含章《择要疏河以纾急患疏》、谷际岐《历陈官逼民反情形疏》等，为滇人在外省执政时，针对当时当地的实情提出建议，虽从某一角度讲，仍带有一定的普遍意义。

论辩体的文章，就作者而言，多为一般知识分子或中下层官吏；就语言说，多自由、少拘谨；就话题论，也广泛得多。明代杨士云《议开金沙江书》、清代师范《开金沙江议》同一题目而侧重点不同。杨士云简述金沙江的流程及开发价值，认为开发水运是“一劳永逸，暂费永宁”之事。师范认为开发金沙江水运，能使滇蜀“筋脉”相通，沿江“十五郡可裘领而挈也”，为边防之大计；同时滇省矿产、木材等输出“非但滇利而蜀亦利”。师范对云南的利弊、经费、钱法等多有论述，晚年他在安徽望江任县令时纂辑《滇系》一书，灌注了他对云南的关切热爱之情。

姚安土同知高奣映的《教民艺树议》，基于姚安“寄住游民半于土著”的现实，提出分田给游民，让其种植经济林木，区分不同地势、水源、日照等情况，种桑、花椒、各类水果，“五年而收利则可继百世”。另一篇《禁邪巫惑众议》认为以巫术治病，“病未瘳而家已破”，并把人心搞乱（“荡人意”），剖析透辟。联系他兴办学校，开启民智；开设医馆，为民治病等，可看出这位土官对当地生产状况的了解，对当地民俗的熟悉，提出的措施也较切实。杨昌的《木氏世守丽江论》，针对改土归流以来某些官员对木氏土司片面否定的言论，指出无论土官、流官均有“昏明仁暴”之分，宜具体分析，木氏土司能“守土保民”,“有功德于民”、“终不失臣节”，而“民赖安堵”者数百年，经济文化得以发展。不随俗见，独具只眼，表现了这位纳西族知识分子的独立思考精神。

王思训的《滇南通考》，从云南的山川地理大势着眼，认为云南“有三要害”：“东南界交趾、老挝诸夷，以元临为锁钥；西南缅甸诸夷，以永顺、腾越为咽喉；西北吐蕃，以丽江、永宁、北胜为扼塞。”从兵防要略的角度，让人对云南的地理概貌有个总体的了解。马恩溥的《大理形势说》写于咸丰丙辰（1856年），对大理西屏苍山、东临洱海、北为龙首关、南为龙尾关的形势及各方道路分析准确，虽为清军筹划，但有普遍参考价值。

袁嘉谷的《〈周礼〉农工商诸政各有专官论》是他1903年参加经济特科考试时的命题作文。开端即接题，接着分论农、工、商诸政的范围职责；其间主张不能重农抑商，“商自有商才，商自有商用”，商对流通、便民、富国有用；批评传统以士为贵、以工农商为贱的观念，主张“使士为农工商之学，不如使农工商自为农士、工士、商士之学”，即提高劳动者的文化素质及技术水平。由于“古今势易”，宜“因时制宜”，变法图强，选拔“当任一国之宏才而兴利”，“当握一国之要务而生财”，即选人杰、抓要政才能“危使安，乱使治，弱使强，贫使富”。结尾又照应题目，并强调“毋悖古，毋泥古”。洞达古今，通晓时务，所论皆治国安邦之策，卓有见地。袁嘉谷也因此被选拔为当年经济特科第一。清末，有大批云南青年学生出国留学，寻求富国强兵、挽救民族危难的良方，其中留日学生受孙中山革命思想影响很大，有的先后参加了同盟会，并建立了云南支部，1906 年 10 月在东京创办了《云南》杂志，推举李根源等负责。《〈云南〉杂志发刊词》先剖析当时的云南形势，列强“鹰瞵虎视，各争要区”，法国占领越南，筑滇越铁路以吸血；英国占领缅甸，谋求修筑滇缅铁路以谋利；英法联合侵夺云南七府矿产开采权。“强索铁路，云南之腹心溃；

攘夺矿权，云南之命脉绝”，云南“气息奄微，颜色黯淡”。若要救亡图存，必须改良思想，唤起民众，树立国家、团结、公益、进取、尚武、实业、地方自治、男女平等等新思想，内固国基，外御强敌，使“云南复为云南人之云南”。作者以饱含激情的笔触，充满爱国爱乡血泪的呼唤，希望人民觉醒，自强自立。读之，令人心灵震颤。文章未署名，暂系于该刊总负责人李根源名下。

杂记类的散文，是以记人、记事、记物为主体的叙述性文体，内容丰富，涉及面广；形式多样，不拘一格；语言活泼，各呈个性。

记人者，如王景常《董庄愍死节威楚序》，表彰元天历（1328—1329 年）初威楚（今楚雄）知事董文彦“嚼血唾贼”，誓不从逆，“懔懔乎仗大义，树大节”的品格，叙议结合，较充分地展示了“僰人”董文彦的精神。林俊的《永昌名宦乡贤祠记》申述入祠的人物的主要事迹，如吕凯有“执忠”功，郑纯有“服夷”功，王骥有“平蛮”功，余谷有“师范”功等等。用墨极省，特点突出。陶珽《李卓吾先生祠堂记》记述在姚安建祠的理由：李贽离姚安太守任已四十年，去世已十六年；其在姚时“尽其心”，其去姚“无系恋”。不言功，不言廉，而尽在其中；又“纵观宇内诸公无人不读先生书”，足见其影响。袁嘉谷的《滇南三僧》介绍苍雪、担当、介庵，重点是介庵治印成就。《陈海楼》写陈履和倾其全力刊印其师崔东壁遗著的精神，其所刊崔著日本高等师范学校列为教科书，影响远及海外。仅此一例也足见其价值。选于卷首的《滇王》，显示了滇池地区的先民在庄跻入滇前就已开辟了“肥饶数千里”的土地，繁殖了众多的人口，庄跻拥有二万之众，也不得不“变服，从其俗以长之”，楚文化融入滇文化之中。滇王受印，云南纳入中国的版图。扬雄的《蜀王本纪》，记载朱提（今昭通）人杜宇带领部众向北发展，直达成都平原建立政权，教民务农的传说。他是第一位有文字记载的云南杰出人物。范晔的《哀牢王》，记述九隆（龙）神话：一女触木而孕，一系列的兄弟与一系列姊妹结为婚姻，繁衍后代，浓缩了特定历史时代的人类婚姻形态。“三王”是云南早期先民的代表，在云南文化发展史上有多方面的研究价值。

记述事件者，涉及历史、学校、水利、桥梁、物产、风习、省外国外见闻录。《袁滋册封南诏记》将贞元十年（794年）袁奉唐王之命到大理册封南诏王的途程、册封仪式写得有声有色：马队、步兵、象队、伎乐队绵延二十余里相迎；具仪礼，宣敕书，离位受册、稽颡再拜、恭敬劝酒，互相祝愿。人物的动作、语言逐一展现。欢迎仪式之盛大热烈，册封会场之庄重有节，各具神采。册封后，南诏于贞元十六年（800年）派出以王子寻阁劝为首的代表团到首都长安献《奉圣乐舞》，唐德宗亲至麟德殿观看。贞元十八年骠国王遣其弟悉利移城主舒难陀率队到长安献乐舞。两次演出的乐器种类、道具、服饰、队形变换、舞蹈动作及其象征意义均有生动形象的记述："舞人服南诏衣，绛裙襦、黑头囊、金佉苴、画皮靴、首饰袜额，冠金宝花鬘，襦上复加画半臂。执羽翟舞，俯伏，以象朝拜；裙襦画鸟兽草木，文以八彩杂华，以象庶物咸遂；羽葆四垂，以象天无不覆；正方布位，以象地无不载；分四列，以象四气；舞为五字，以象五行；秉羽翟，以象文德；节鼓，以象号令远布；振以铎，明采诗之义；用龟兹等乐，以象远夷悦服。"参与演奏的乐工有一百九十六人，所用乐器有二十二种，可见阵容之庞大。作者将变化多端、层次丰富、主题突出、特点鲜明、乐曲动作多样的精彩演出，逐一展示出来，让人领会到演出节目的大结构环环相扣，匠心独运；小细节也精心雕刻，于细微处显特色。《铁柱记——南诏图传·文字卷》以观音点化细奴逻获得南诏十三传的故事为线索，显示佛教初入洱海地区时当地居民从怀疑、排斥到逐渐信仰、皈依的经过。以七“化”解图，似连环画的解说词，或画卷的绘制者以文来设计画面。形式独特，如水注瓶，恰切合体。

南诏之后的大理国虽未直接隶属宋王朝，但与中原的经济文化交流却从未中断。范成大《桂海虞衡志·大理》一文，记载南宋孝宗乾道癸巳（1173年）年冬，大理人李观音等二十三人到广西横山卖马，采购大批书籍、药材、日用品，带一采购单，其后附文，引用古语“知己之人，幸逢相谒，言音未同，情虑相契”，还有短诗：“言音未会意相和，远隔江山万里多”，“其人皆有礼仪”。约可窥见大理人的文化修养和儒雅风度。与此相近的是周去非《岭外代答·马政及其他》记述南宋设置专职官员、指定专门市场，政府拨出定款，向大理买马，以应战场（先对金，后对蒙古）骑兵及运输之需，仅绍兴七年（1157年）在“岁额一千五百匹”之外，“添买三十一纲，盖买三千五百匹矣。此外又择其权奇以入内厩，不下十纲（每纲五十匹）”。“朝廷岁拨本路上供钱、经制钱、盐钞钱及廉州、石康盐、成都府锦，付经略司为买马之费。”在进行大宗马的交易的同时，其他货物也在买卖，在邕州横山寨博易场，大理人带来“麝香、胡羊、长鸣鸡、披毡、云南刀及诸药物”，南宋商人带来锦缯、豹皮、文书及诸奇巧之物，通过翻译“平价交市”。大理特产多受称誉，如“蛮刀以大理所出为佳”。“诸蛮唯大理甲胄以象皮为之，黑漆坚厚”，“苟试之以弓矢，将不可彻，铁甲殆不及也”。在战争频仍的年代，有利于保护自己，消灭敌人，能提高战斗力的产品，格外受到重视。

元明两代赛典赤等在云南建文庙、修水利多受人称道。郭松年《中庆路儒学记》写赛典赤于至元甲戌（1274年）冬至丙子（1276年）春兴建中庆路（昆明）文庙的目的、经过、规模及经理人员。黄琮《修建五华书院记》则简写明嘉靖庚戌（1550年）至壬子（1552年）修复云南具有高等教育性质的五华书院的经过，详于教育对社会的作用、人才成长的论述，强调学习文献，提高素养，对人之重要，如“宇宙之日月灯光也”。

在农业社会，兴修水利对发展农业关系极大。水能否为民造福，全在于善于“引水”、善于“用水”。平显《汤池渠记》、陈文《南坝闸记》、陈宣《石屏水利记》、方良曙《重浚海口记》均为明代水利工程的实录。前二者一写沐英、沐春在宜良扩修三十六里汤池渠，引流分灌，军民赖之；一记景泰年间沐璘、郑颙在昆明南坝银棱河上“造石闸以蓄泄其水”，使“田不病于旱潦”，为用水得当的范例。后两篇写高原湖泊的利用，一记弘治年间开渠引石屏湖水灌溉万亩良田；一述万历年间再次开挖海口，降低滇池水位，减少水患，“湖落地出，尽膏腴也”。当政者以此而欣然自得。但石屏异龙湖引水过量，滇池疏浚过头，水位过分降低，二湖水面日益缩减，生态逐渐失衡。这也许是当政者、为文者未曾想过的。

有水必有桥，建桥有助于各民族经济文化的交往，有利于边防的巩固。位于永平与永昌之间澜沧江上的霁虹桥，是大理通往永昌的咽喉，屡建屡坏，仅明万历年间就建了两次。刘廷蕙《霁虹桥记》、邓原岳《重修霁虹桥记》，叙述再建缘由、经过。对桥的描写也有精彩之笔，如“矫若长虹，翩若半月；力将岸争，势与空斗”。但二人对桥被毁之原因，都归罪于顺宁土司勐（猛）廷瑞，实为湾甸土酋使人冒充勐氏部下，嫁祸于人；廷瑞申诉，主管官员张应扬向申诉者索贿未应，遂进谗言于巡抚。廷瑞被冤死。刘、邓二人依照官方所言，撰写建桥记时未能明察，值得引以为鉴。

风土记是云南散文中独具特色的篇章。唐梁建芳的《西洱河风土记》，元李京的《云南志略·诸夷风俗》，明杨慎《云南山川志》、唐尧官《晋宁州风土记》，清刘埥《顺宁杂记》、檀萃《蒙岳记》、桂馥《滇游续笔》、张泓《滇南新语》等等，对唐至清云南的山川、物产、民俗、寺观、温泉、地震等，从不同侧面作了记述。如檀萃的《滇海虞衡志·普茶》、阮福《普洱茶记》，对普洱茶的历史、产地、品种、贡茶的种类均有记载，并兼及顺宁、大理、昆明的茶，早年的采茶、饮茶习俗。又如《滇南新语·口琴》，对口弦的制作、簧片的凸凹厚薄、握弦的姿势、弹奏的指法、流传的地区等均有生动的描述。作者只有对口弦这一民族民间乐器进行深入观察后，才有可能写成如此精切的文章。

中原人到边疆，云南人到省外、国外，对异地的事物分外敏感，记忆特别鲜明。明初钱古训、李思聪撰《百夷传》，记述滇缅边境的百夷（傣族）部落、称谓、军制、服饰、饮宴、乐舞、贸易、器物、婚丧习俗，兼及周围十余个民族的概况，为了解元明之际生活于这一地区的傣族及其他民族的第一手资料。清末黄懋材的《西輶日记》、陶思曾的《藏輶日记》对云南赴缅甸的途程、关隘、居民、习俗，缅甸蛮慕、新街、阿瓦、漾贡等城镇的民居、文身、重佛，缅甸繁盛之区被英军蚕食殆尽等作了记述，有浓重的时代色彩。二人对华侨在缅甸的情况尤其关注。如黄懋材看到新街“滇人在此者四五十家，而往来商旅常有数百人，建关神庙为会馆”。在古都阿瓦“滇人居此者三千余家”。陶思曾所见漾贡（仰光）“华侨在此者约十万，以闽粤人居多数”；在阿瓦城建有“迤西会馆，云南商人公建者也。内祀孔子，规模阔大”，“其地址乃前缅王所与者。滇人经商于此及分往各地者，不下十余万人，以腾越人居多”。陶所见的阿瓦城故王宫殿“规模颇壮，栋宇楹柱，多饰以金，殊觉辉煌。后宫绮疏，雕镂精细，闻其上均嵌宝石、金刚钻等，今已为英人取去矣”。赞美创造与谴责掠夺并存，令人感悟。

云南人在省外的足迹时常可见，有的还到台湾任职，并有生动的文字记载。如清代道光年间，云南开化府文山县（辖今蒙自）人曹士桂，任台湾鹿港同知。道光二十七年（1847 年）前往内山考察，五月又陪闽浙总督刘韵珂视察水沙连地区（今台湾云林、南投县境内），此行曹士桂撰有《闽浙制军大司马刘公查勘投诚献地，呈请开垦水沙连六社番地番情日记》，记录刘韵珂一行奉旨考察日月潭周围台湾高山族群（高山九族）居住区的生产生活状况及风土民情的行程，从中可见高山族群民众对国家的真挚感情和强烈的内聚力。赴台官员沿途除奸剔弊、温言安抚，甚得民心，考察后将实情上报，该地得以建城郭、设官司、辟田野、建学校。这是开发台湾中部山区的重要一页。

中国古代旅游读物中，有“左图右书”之说。图，载山川形势、名胜方位；书，记录风土民情、旅行途径、景点特色；令闻其名而未到其地者了解梗概；让实地考察者按图索骥，选择重要景点参观。杨士云《苍洱图说》、大错《鸡足山指掌图记》、张学懋《丽江府芝山福国禅林纪胜记》即为此类读物。《苍洱图说》以简练优美的文字，描绘了一幅苍洱画卷，并与中原的一些名胜比较，突出苍洱神韵。既有峰、溪、云、雪，又有水碓、寺观、鸿钟、玉柱、渔火、大理石。自然景观与人文色彩交相辉映，美丽的风光中充溢着人间烟火味。作者与苍山洱海朝夕相处，观察细、着眼高、描绘切。《鸡足山指掌图记》，先为总览，继而沿游鸡足山的路线蜿蜒而上，又沿另一路线回环而下，或左或右将鸡足山“大寺八、小寺三十有四、庵院六十有五、静室一百七十余所”及溪涧、桥梁、洞穴、塔林所在的位置逐一指点出来，让游者了然于胸。最后强调，此文之成，是与道友历时半年穷讨冥搜、调查研究、把笔纪胜的结果。相信“自指掌图一出，海内名贤卧游是赖”。《丽江府芝山福国禅林纪胜记》，是先有图，后有记。丽江木氏土知府，绘制了以芝山福国禅寺为中心的名胜图，派人送给鹤庆知府张学懋，“悬诸衙斋”，“邀阮君学博指点其胜”，因而记录成文。视野从玉龙雪山而及芝山，由峰顶、山腰而及山腹；由“松桧万章”而及“金碧辉映”的福国寺，再沿山路去领略峰、峦、飞瀑、溪涧、赤松、碧草、野鹿、幽禽、牧笛，在自然与佛国中净化心灵，得到解脱。上述几篇“图说”均写于明代后期，几个景点都依托于极富特色的自然景观，以宗教建筑为重点，自然之趣与宗教之理结合，历史与现实交融，人们在朝佛的同时，也受到大自然的熏陶。从中也可窥见先民在建造园林时的审美意向。

阳温敦为腾冲和顺乡古名，这里的居民多出国经商，尤以到邻国缅甸者为多。出国后怎样立身为人，是一个普遍的问题。作者以一位辛苦尝透的走缅华侨的身份，将自己及朋友成功与失败、顺利与挫折、欢愉与悲哀的切身体验，对青年人易犯的寻花问柳、吹大烟（吸鸦片）、进赌场、摆阔绰等带来的恶果逐一剖析，以通俗易懂、朗朗上口的韵语写出，让读者引以为戒，为后人“做一盏暗室灯”。全文以词开始，以诗作结，中间插有五首戒吹大烟的民间小曲，正文则以“三三四”的句式，其格式与唐代以韵文形式叙述历史故事或佛经故事的“变文”相近，带有较强的民间讲唱文学的色彩。内容虽针对腾冲旅缅华侨，但其中蕴含的哲理极具普遍意义，时代和地域色彩也较浓厚。

以上所举，可知本卷所选散文有奏议、论辩、杂记（含人物、事件、水利、交通、儒学、风土、图说、讲唱）等，形式题材多样，各篇皆针对当时的滇人、滇事、滇情而言，有其深刻独到之处。如议论文章，有的揭露某些部门的官员借少数民族土司申报承袭之机，贪婪索贿，以致积怨酿祸，可谓洞察民情，切中时弊；有的敢于冒犯朝廷之命，请予减免贡金、贡品，缓解滇民困苦，为了边疆的安定不惧丢官的精神，令人肃然起敬；有的提倡开发金沙江航运，有的提倡种植经济林木，有的提倡禁止巫邪蛊民；有的呼吁改变观念，救亡图存等等，思想的火花，在暗夜中不时闪亮。在记叙类散文中，有的记人物，或忠贞，或重谊，或成就独特，主干突出，给人留下深刻印象；有的记事，或记历史事件，或记水利桥梁，或记经济文化交流，或记风物民情，或指点风景名胜，或记境外见闻，为后人留下了一幅幅珍贵的历史长卷，其浓厚的乡土性、原创性，使它成为了珍贵的历史资料。

我们注意到：先秦两汉，多为外地作者写云南，唐宋以后，特别是元明清以来，云南人写云南的作品逐步增多，彝族、白族、回族、纳西等民族的作者创作的作品不断涌现。云南文化（包含散文作品）日益丰富、发展提高。这与汉文化在云南的传播、推广、普及的历程息息相关，也与社会的政治经济发展分不开。

正是云南散文的独特性、乡土性，在文学的园地中构成了一个小小的别具特色的群落。惜由于篇幅限制，本书所选只不过百分之一二，更多的佳作还有待爱好者、研究者去翻检历代古藉。

本卷为云南高校古藉整理项目之一，参加选注工作的有云南师范大学中文系教授张德鸿、吴培德、杨发恩、萧学禹、梁春域。由于成书时间较长，张德鸿、蔡川右二位先生不幸先后去世。在此，谨表深切的怀念。

在本卷选注过程中，各位同仁彼此交流，取长补短，使稿件质量有所提高。本丛书主编之一易山编审在统一体例、校正、修改文字方面做了大量细致的工作。云南教育出版社积极支持本丛书的立项及出版。本丛书成稿后，又得到中共云南省委宣传部领导的关怀，在出版经费上给予专项资助。在此，谨对一切关心、帮助、支持本丛书出版的同志和单位，表示衷心的谢意！

（本文为《云南历代文选·散文卷》前言，该书由云南教育出版社于2014年3月出版。）

汉文化的滇化与滇文化的汉化

——云南汉文化片谈

云南是民族文化的王国，各民族文化异彩纷呈，各具特点。其中占据主导地位、辐射力最强、影响最大的是汉文化。

云南有26个民族，是全国少数民族种类最多的省份，但汉民族是其中人口最多的民族。据2000年普查资料，全省人口4235.9万，汉族为2820万，占全省总人口的66.6%。在历史上，在现实中，它有独特的文化传统，科技文化和农耕经济相对发达，对全省的政治、经济和文化产生过重要影响，有过光辉篇章。离开汉文化，很难展示云南文化的总体风貌。这里试述云南汉文化的若干片断，借一斑以窥全豹。

从少数民族到多数民族

汉族在云南历史悠久。据扬雄《蜀王本纪》载，约在公元前七世纪，春秋中期，朱提（今昭通）人杜宇带领部众向北发展，到达成都平原，与江源（今四川崇庆县一带）一位女部落首领结合，共同建立了政权，称蜀王，号望帝，建都于郫（今四川郫县）。他教民务农，对四川农业发展起了促进作用。后来巴蜀农民每当栽种农忙前，常先祭祀他[1]。很长时间以后，当地还流传着杜宇关心百姓的故事[2]。杜宇出生于朱提，他是当地一位富于智慧的首领；杜宇称王的蜀，为汉民族的族源之一。

如果说杜宇是从云南走出去的汉族先民，那么，庄跻则是外地进入云南的汉族先民。据司马迁的《史记·西南夷列传》载：楚威王时，曾派将军庄跻带兵征“巴蜀

[1]《全汉文》卷 53；《华阳国志 · 蜀志》；《四川古代史稿》，第 21 页。

[2] 袁珂：《中国神话传说》，北京：中国民间文艺出版社，1984 年，第 386—390 页。

黔中以西”，“跻至滇池，池方三百里，旁平地，肥饶数千里，以兵威定属楚。欲归报，会秦击夺楚巴、黔中郡，道塞不通，因还，以其众王滇，变服，从其俗以长之”[1]。楚威王为公元前339至前330年在位，按司马迁所记，庄跻落籍滇中，距今已有2300余年[2]。他带领的部众，据说约2万人[3]，但与滇池地区土著相比，显得太少，不得已而入乡随俗（“变服，从其俗”），得到当地民族的信任，做了“滇王”。楚文化融入到滇文化之中，又对滇文化产生了引导和促进的作用。滇王的活动范围，东达今曲靖一带，西抵今楚雄姚安一带。姚安有庄跻部将周小卜将军墓，“楚雄”一名的由来亦与庄跻的活动有关[4]。司马迁又曾记述滇王的数万部众与位于今曲靖一带的劳浸、靡莫“皆同姓相扶”[5]。庄跻入滇为汉民族在内的各民族大规模进入云南之始。

[1]《史记》卷116，见《二十五史》，上海：上海古籍出版社，1986年。

[2]《后汉书·西南夷列传》作:“楚襄王时”（公元前298—前266年），似较切。

[3]《太平寰宇记》卷122，“庄州”条。

[4] 宣统:《楚雄县志·楚雄名义考》；郭沫若《宿楚雄》诗，有“庄跻通滇肇锡名”。

[5]《史记·西南夷列传》。

秦修五尺道，汉置郡县，云南成为中央王朝的一部分。修路数十年，许多民工流入云南；置郡县，一批批官吏到云南任职；蜀——滇——身毒（印度）间商道的开通，商贾来往不绝；另因屯守、兵争、避难、流窜、被俘，以及其他原因迁徙到云南的内地人口也较多，秦吕不韦宗族于汉武帝时由蜀徙居永昌，设“不韦县”即是一例[1]。内地来的人口多了，就有夷、汉之称。永平十年（67年）在今保山地区任益州西部都尉的郑纯，“独尚清廉，毫毛不犯，夷汉歌咏”，表闻三司[2]。又，《三国志·蜀志·诸葛亮传》注引《汉晋春秋》说：“孟获者，为夷汉并所服。”这里夷、汉并称，汉民已众；时间一久，渐成大姓望族，如雍（雍闿）、孟（孟获）、李（李恢）、毛（毛炅）、董（董敏）、朱（朱褒）、霍（霍峻、霍弋）、吕（吕凯）、爨（爨习）等[3]。其间爨氏，为滇东大姓之首，曾称雄约四百年。

唐宋时入滇的汉民，以南诏时为多。如天宝十年

[1]《三国志·吕凯传》。

[2]《华阳国志·南中志》。

[3] 方国瑜:《汉晋时期在云南的汉族移民》，见《方国瑜文集》，昆明：云南教育出版社，第256—311页。

（751年）、十三年（754年）爆发的南诏与唐王朝的战争，唐军损失约20万人。损失，并非全死，溃败逃亡或被俘的，当不在少数。又如南诏后期与唐交恶，二入安南、邕管，一破黔州，四入西川。其中一次进入成都撤退时，“乃掠子女、工技数万”而还[1]。这些移民，主要生活在滇西地区。

公元1253年忽必烈率军从甘肃、川西入滇平大理，将云南收归元王朝的版图，20年后任命赛典赤为“云南行省平章政事”。他建文庙、立屯田、修水利，汉、回、蒙等民族人口一批批进入云南。1381年，明军进入云南，次年明王朝在云南建立政权，留沐英率兵镇守。在朱元璋的支持下，沐氏在云南大规模地进行军屯、民屯、商屯，发给籽种、耕牛、农具，鼓励携带家属到云南屯垦。据史载：洪武二十六年（1393年），云南在册人口约26万，至万历六年（1578年）增至147.6万人。在185年中在册人口增加了近五倍。“主要的因素是内地各省人口大量移入，这不仅造成人口总量的增加，并且，使云

[1]《新唐书·南诏传》。

南的汉族人口自此超过了少数民族人口。”[1]形成了以汉民族为主，多民族交错而居、和谐共处的格局。汉民族的分布由点及线，由线成面，并逐渐进入边远山区和少数民族村寨，似千丝织网，覆盖全省。各民族，在生产中互相帮助，生活上互相照顾，文化上互相吸收，民族间互相通婚，血脉相连；经过长期的接触了解，彼此交融，尤其是在抵抗国外侵略势力的斗争中，在建设美丽的家园过程中，建立了休戚与共、存亡相依的深厚感情，形成了高一层次的中华民族共同意识。诚如彝族史诗《梅葛》所唱："当初天神用金锥打开装有人类的葫芦时，先走出来的是汉族，其次是傣族，第三是彝族……一共九种族，人烟兴旺了；几兄弟各有长处，和睦相处，社会发展了"[2]，以质朴的语言，反映了云南各民族共同发展的历史进程。

汉民族在云南的发展，从时间上说，元代以前多被"夷化"；元明清以来，土著民族多被"汉化"。从居住

---

[1] 邹启宇主编:《中国人口·云南分册》，北京：中国财政经济出版社，1989年，第70—71页。

[2]《梅葛》，昆明：云南人民出版社，1959年，第44—46页。

区域看，进入少数民族聚居区的汉族，多被当地民族同化；而在汉族聚居区的少数民族又多被汉化。二者互相交织，构成了汉民族和土著民族关系的复杂性。

汉民族入滇后，与当地的土著民族一道共同开发边疆。汉民族是农耕民族，他们所到之处，垦荒种地。史载约在公元19年任益州太守的文齐，发动郡人“修障塞”，保障社会安定，今人称之为“云南古长城”，又“开通溉灌，垦田二千余顷”[1]，垦荒面积大，且有水利设施。在此之前文齐任犍为属国都尉时，即“穿龙池，溉稻田，为民兴利”[2]。元明时，重屯垦，据明万历年间统计，仅军屯人数约29万，军屯田地面积为130多万亩，占全省在册耕地总面积的42%[3]。新建和重修的水利工程，遍布全省：如云南府的南坝闸、汤池渠，大理府的双塘、品甸湾、横江堤，临安府的泸江堤、西堰、新龙堰，永昌府的九龙渠、平安坝、莲花坝，曲靖府的交水坝、大坝等等，据刘文征《滇志》“堤闸”一节所载，有165

[1]《后汉书 · 西南夷列传》。

[2]《华阳国志 · 南中志 · 朱提郡》。

[3] 李元阳：万历《云南通志 · 兵食志》。

项200余处，有堤、坝、闸、塘、堰、河、渠。这对于减少水、旱灾的危害，扩大灌溉面积，方便人民生活都起了作用。

入滇汉民亦很重视城镇建设。史传庄跻入滇建且兰城，年远难考。至明，建有数十座，如云南府（今昆明）、楚雄府、澄江府、蒙化府、广西府、武定府等等的府城，多为明初建立[1]。后经历代修葺、改建、扩建，有一定的规模。城镇的建设对政权的稳定、商贸的发展、文化的提高发挥了作用，对四周乡村的凝聚与辐射也产生了积极的影响。城镇中的一些科技含量较高的建筑，也常有汉民族人士参与。如大理三塔、昆明东西寺塔，据传为恭韬、徽义设计[2]，其风格与西安大小雁塔相似。相传能"金碧交辉"的金马碧鸡坊，始建于明宣德年间。

汉民族入滇随即将汉语汉字传入云南，并日益为各民族接受和运用。今存"滇王之印"等汉字印章20余方，《孟孝琚碑》等碑刻，朱提堂狼铜洗，标有汉字纪年者十数件，多为汉代文物。魏晋南北朝时期的《爨龙颜碑》，

[1] 刘文征:《滇志·建设志第三》。

[2] 参见王崧本:《南诏野史》，郭松年:《大理行记》。

已是文辞与书法并茂。南诏时期云南人士所作的汉文诗，已达到较高的水平。元明以后许多少数民族人士学习汉文化，以汉文印行了自己的诗文集，在云南文化乃至中国文化史上占有一席之地。与此同时，建学校，兴科举。汉肇滇学，元建文庙，明建书院、学宫，清设义学，将学校教育推向全省，推向乡镇，至清末义学已有683所[1]。在学校教育的基础上，云南学子参加全国科举考试，元代有了进士，明清两代，云南有文进士911名，武进士188名。其中就有白族、彝族、纳西族等民族的知识分子。有的虽未参加科举考试，但亦在各种不同的岗位作出贡献，如药物学家兰茂，大观楼长联作者孙髯等。明清两代滇人的著作约有千种，仅民国初年所辑的《滇文丛录》，就有770余人的2200余篇作品，作者之广，约可想见。

汉文化的传播和普及，以儒家思想为核心的观念，以春节、中秋为代表的节日，以道教、禅宗佛教为代表的宗教，内地的各种礼仪习惯，逐渐为各民族不同程度地接受，使各地民风发生了变化。史载明代天启年间，

[1]《云南教育简史》，贵阳：贵州人民出版社，1993年，第39页。

云南府:“民遵礼教，畏法度，士大夫多才能，尚节义，彬彬文献，与中州埒”；大理府:“俗本于汉，民多士类，书有晋人笔意”；临安府:“士秀而文，崇尚气节，民专稼穑。衣冠礼度，与中州埒”；永昌府:“衣冠礼义，悉效中土，士知向学，科第相似”。一些民族聚居区，也在变化，如景东府:“昔惟缅字，今渐习书史。民风地宜，日改而月化”。寻甸府:“置流建学以来，其俗渐改，人文可睹”等等[1]。观念的变革，风习的变化，显示出汉文化的深远影响。汉语汉字成了沟通云南各民族思想最便捷的桥梁，汉文化成了维系各民族精神的重要纽带。

滇文化的标志物：金马碧鸡

在汉文化逐渐为云南土著民族接受的同时，进入云南的汉族亦积极吸收土著民族的文化，有的“变服，从其俗”，有的与土著民族结“遑耶”（亲家），有的在语言、风俗、服饰、节日、图腾崇拜、宗教信仰等方面，互相认同，在辐射与吸纳中造就了新异的文化果实。其

[1] 刘文征:《滇志·地理志之三·风俗》。

中，滇文化的标志物金马碧鸡，为汉民族在内的多民族所认同，并赋予了新的内容就是一例。

金马碧鸡的神话见于文字记录始于汉代。王褒的描写是“金精神马，缥碧之鸡”，汉宣帝派王褒企图通过“祭祀而致”[1]。至晋代左思的笔下，它是“金马骋光而绝影，碧鸡倏忽而耀仪”[2]。其流传的地域，或统言“益州”，或具体到越隽郡青蛉县禺同山（今大姚县一带），有“碧鸡金马，光影倏忽，民多见之”[3]。魏晋时，金马碧鸡的流传地域逐渐转到滇池周围。“长老传言，（滇）池中有神马，或交焉，即生骏驹”，“日行五百里”，又说“章帝时，……神马四匹出于滇池河中，甘露降，白乌现，始兴文学，渐迁其俗”[4]。将金马神话与汉文化的传入联系起来，饶有意味。

金马碧鸡神话既是先民原始的动物崇拜的一种表现，又是先民以现实生活为基础，借助想象以征服自然、支配自然的一种创造。它以丰富的幻想表现了先民对未

[1]《汉书·王褒传》;《后汉书·西南夷传》。

[2] 左思:《三都赋》。

[3]《汉书·地理志·越嶲郡》;《华阳国志·南中志》。

[4]《华阳国志·南中志》滇池县条。

来生活的希望。古代的滇中地区，包括滇池沿岸及大姚、元谋一带，森林茂密，气候温润，各种锦鸡、野雉、孔雀成群结队栖息其间，其色彩斑斓，光彩照人，为先民所喜爱、崇拜，于是就创造了碧鸡神话。其原型可能是鸡，也可能是孔雀。它们都是吉祥的象征。特别是孔雀，身披翠绿色的羽毛，其色调更接近“碧鸡”，孔雀开屏被视为祥瑞。而滇中肥美的水草、广阔的山地，宜于畜牧，多产良马，自古以来，滇马驰名全国。云南山高谷深，江河纵横，交通不便，运输行旅都离不开马，马在人民生活中占有重要位置。当先民们在山边池畔牧马之际，仰卧绿草如茵的草坪，面对变幻多姿的太空，神游万里，幻想有天马出现，以便繁殖理想的“千里马”，这是极其自然的。而神话一经创造，由于它灌注了先民的理想和愿望，获得了更多人的认同，便不胫而走，辗转流播，直达都城宫廷，才会有王褒受汉宣帝之命，持节往云南求取金马碧鸡之行。

金马碧鸡神话也曾染上佛教的色彩。这从宋末元初云南张道宗《纪古滇说集》及明代倪辂的《南诏野史》所载的故事中可看出大概。这两本书说：金马原为印度大兴佛教的阿育王的“神骥”，他的三个儿子都想得到它。阿育王便将神驹纵驰而去，说：“谁追到就给谁。”三子追到昆明东山而得马，即今之金马山；长子继至，在昆明西山遇碧凤呈祥，便迷恋驻此，即今之碧鸡山，各为该山山神。这里，佛教徒将传说滇池中出没的金马换成了佛家的“神骥”，或遇佛呈祥的“碧凤”；由自然崇拜而产生的“神”，换成了“佛”（阿育王太子）。于是，人们崇敬金马碧鸡，也就崇敬佛家了。宗教利用民间文学，这是一个典型的例子。

佛教传说虽不可信，但说明金马碧鸡神话传说的重心已移至昆明。佛教于隋唐之际传入云南，至宋大盛，看来金马碧鸡二山得名已久。《南诏德化碑》就有“山对碧鸡，波环碣石”之句，樊绰的《云南志》卷二，有金马碧鸡二山“东南西北相对”、“山上有神祠”的记载。元代昆明王升在碧鸡山碑中亦称：“昔有碧凤翔翥于此，讹为碧鸡，因以名山。”[1]他在《滇池赋》中又有“碧鸡峭拔而岌嶪，金马逶迤而玲珑”[2]的传神之笔。明代刘

[1] 景泰《云南图经》卷1，“山川”。

[2] 同上。

文征天启《滇志·祠祀志》中亦有“金马神庙，在府城东金马山麓”,“碧鸡神庙，在府城西碧鸡山麓”等记载。不过，他未把此神庙放在佛道寺观中，而是列在“群祀”之内，说明是群众自发信仰，这倒是比较客观的。

把金马碧鸡迎于城中，并加以具象化，始于明代。宣德年间（1426—1435年），在昆明市中轴线南端兴建巍峨壮丽的金马、碧鸡二坊，与纪念云南首任省长赛典赤的忠爱坊呈品字形而立。神话传说中的金马、碧鸡，与封疆大吏鼎足立于闹市，足见其在人们心目中的地位。二坊为东西向，东为金马坊，西为碧鸡坊，相距约数十米，不仅结构精巧，雕梁绘彩，金碧辉煌，且有较高的科技含量。相传每隔60年的酉年中秋，“是时明月东升，夕阳西坠，日光月光同时照两坊倒影于地，并渐次移动，最后两影交接”，呈现“金碧交辉”的奇观[1]，其间天文学、数学知识的巧妙运用，值得探究。金马、碧鸡建立近600年来几度毁于劫难，但从来抹不去人民对它们的美好情结。1999年4月又恢复重建落成，屹立于昆明城中，赢得数百万昆明儿女的称赞。2001年1月，

[1] 罗养儒:《云南掌故·昆华八景中之金碧交辉》，云南民族出版社，1996年。

由著名雕塑家袁晓岑创作的《金马碧鸡》，又立于东风广场。几年前经过多方酝酿讨论，金马碧鸡的形象成了昆明市徽，那昂首举蹄飞奔的金马，引吭高歌的碧鸡，注入了新时期昆明人民的感情和精神，古老的金马碧鸡焕发出新的时代风采。

金马碧鸡不仅在昆明独标异彩，而且在云南各地，广为流传，数千年来历久不衰，某些领域至今仍呈活跃的态势，如有以金马碧鸡命名的村庄、街道、学校、工厂、医院、商店、公司，以它为商标的为数众多的商品，以碧鸡杯、金马杯命名的各类体育赛事，1997 年香港回归时云南省政府赠送香港特区政府的珍贵礼品、云南航空公司的飞机等等，也以金马碧鸡为标志。在云南各地，滇东罗平县有金鸡山、金鸡村；在滇西保山县有金鸡村、金鸡温泉；在滇西北兰坪县有金鸡寺；在保山市昌宁县有鸡飞温泉；在大理白族自治州祥云县有天马坝、天马营；在剑川县甸南有天马街；在楚雄州元谋县有元（天）马镇，“元谋”亦即傣语“飞跃的骏马”之意；在大姚县有金碧镇，在官渡区有金马镇、金马广场。这些地方各有一段优美的故事，均与金马碧鸡有关。为了镇邪除害，人们还把金鸡立于大理三塔、昆明东西寺塔等塔顶。为了预测未来，人们用鸡骨、鸡蛋进行占卜；为了祈愿美好，人们以鸡羽插于帽顶，或加以抽象化、艺术化制成鸡冠帽；或将碧鸡金马制成吉祥物摆设于厅堂之中……通过不同方式、不同渠道的流播，金马碧鸡的形象，为云南各族人民所喜闻乐见。那昂首奔腾的金马，似云南人民奋进不息的坚强品格的写照；那五彩缤纷、歌喉婉转的碧鸡，似乎能给人们带来欢乐吉祥，反映了云南人民渴望获得美好生活的愿望。金马碧鸡所象征的这种民族精神，早已融汇到各族人民的思想性格中，它超越了某一民族，而成为各族人民的共同精神财富，这也许就是金马碧鸡神话千载不衰的生命力所在，也是金马碧鸡成为云南文化的标志物的原因。

滇文化的标志物金马碧鸡与中原文化的标志物龙凤有联系而又有区别，它植根于云南特定的自然环境和民族心理、民族风习，带有明显的地方民族文化的原创性而自立于中华民族文化之林。这一象征物的流变是理解以汉民族为主、多民族和谐相处的民族关系变化趋势的一个重要视角。

独具风神的书法艺术

汉字是人们交流思想的工具，最初是实用的。在长期的使用过程中，书体演变从繁到简、从实用到审美。有一部分书写者，自觉追求审美情趣，抒写怀抱，发挥个性，抽象的文字符号便有了独特的审美功能。云南的书家，长期生活于崇山峻岭之中，朝夕与质朴粗犷的民族相处，耳濡目染，逐渐影响到自己的心理素质，并反映到书法作品中，著名的《爨宝子碑》、《爨龙颜碑》及钱南园的书法所具有的独特风貌，便是明证。

《爨宝子碑》全称《晋振威将军建宁太守爨宝子碑》，刻于东晋义熙元年（405 年）。其书体在隶楷之间，而又富于创新。

从整体布局看，该碑分上（碑名）、中（碑文）、下（题名）三部分，中间部分约占十分之七，上下对称，主体突出。各段安排，别具匠心。碑额 15 字，分 5 行各 3 字，其中“晋”、“爨”、“将军”等字，笔重字大，得到应有的强调，大小参差，互相照应，呈长方形，列于碑首正中。主体部分，碑文13行，行30字，虽排列有序，然长短异度，欹正异势，宽窄互出，虽依法度，却常出新招。碑的下部为职官题名，13行，行4字，率真朴实，稳重沉着。整个碑刻，情趣高雅，从容畅适。

从字的结构与笔画看，求异求变，别具韵味。在大小上，“数”与“刃”、“遵”与“绊”、“显”与“勿”、“响”与“束”等，前大后小，悬殊二三倍，互相映衬，益彰其美。在结体上，“馨”字之下，“香”偏左侧；“翦”字之下，“羽”立右方；“簿”字下部，几成尖角；皆重心倾斜，险绝而又归复平正。同样重出的字与部首，力求变化，碑中“氵”旁的清、淳、海、鸿、濯、沧、浪、潜、江、湖等十余字，其点画、大小长短，按呼应顾盼、迎让的需要，各具形态，相邻者变异尤大，如“沧浪”与“濯”的偏旁，强化点的三角，长短正斜各异，各有特殊的安排方式。在运笔时，此碑的横画大都右上挑出，撇捺末端多弯曲上翘，有飞扬之势，若情动于中而不禁手舞足蹈之态。此碑的点，大多棱角分明，略呈三角形或不等边形，如山野中的砾石，坚固奇崛。加上转折与横画两端“雁尾”的方强，形成屈铁钢钩、凝重古拙的阳刚美。“既有农耕民族严谨务实的文化心理，又有游牧民族粗犷奔放的蛮夷之气，形成《宝子》带‘爨味’的美学特征及艺术风格。”[1]康有为将它称为“正书古石第一”，“朴厚古茂，奇姿百出”，“端朴若古佛之容”[2]。

《爨龙颜碑》全名为《宋故龙骧将军护镇蛮校尉宁州刺史邛都县侯爨使君之碑》，因碑面较爨宝子碑大、文字亦多，俗称“大爨碑”。刻碑立于刘宋大明二年（458年），比《爨宝子碑》晚53年，同属由隶到楷过渡时期的作品。如果说《宝子碑》的隶书意味还较浓，那么《龙颜碑》则更近楷书，由此可窥书体演化的轨迹。此碑书法雄强茂美，笔力遒劲，结体变化丰富，跌宕恣肆，气势宏伟，在雄浑庄严之中又饶豪放粗野之气。在众多的碑刻中，有自己独特的风貌。作者爨道庆其先从中原流播于云南已九代，受当地民族风习影响甚深，其心性自然流露于笔端。康有为将此碑列为“神品第一”，认为其书法“下画如昆刀刻玉，但见浑美；布阵如精工画人，

[1]《爨文化论》，云南大学出版社，1991年，第311页。

[2] 康有为:《广艺舟双楫》。

各有意度，当为隶楷极则”，是“雄强茂美之宗”[1]。

明清以来，担当、阚祯兆、周于礼等在书法上均有成就，其中以钱南园尤为人所称道。钱南园（1740—1795年），名沣，字东注，南园是他的号，昆明人，乾隆辛卯（1771年）进士，授翰林院检讨，历官通政司副使、湖南学正、江南道监察御史。他为人刚正机敏，敢于疏劾权臣，机智取证，终使陕甘总督毕沅受处，山东巡抚国泰毙命，贪官污吏，一时为之震慑。“沣以直声振海内”[2]，时人称之为“鸣凤朝阳”[3]。钱沣工诗、善画，尤精于书法。他以学颜体而有所创新闻名于世。

颜真卿（709—785年），字清臣，京兆（西安）人。曾做过平原太守，安史之乱时，他集义军，奋死战，乱得平，官至吏部尚书，封鲁郡公，世称平原或颜鲁公。他在王羲之、王献之等的书风之外，另拓天地，创立颜体，与杜诗、韩文一道，成了一代文艺的典范，把盛唐那种雄豪壮伟之气纳入特定的艺术形式之中，成为人们

[1] 康有为:《广艺舟双楫》。

[2]《清史列传》卷72,《钱沣传》。

[3] 昭梿:《啸亭杂录》卷10,《钱南园》。

长期学习、遵循、仿效的范本。颜体楷书雄浑刚健、方正庄严、整齐大度，并出之以正面形象，与字形微侧，左肩倾斜、灵巧潇洒、婀娜多姿的二王书法相较，风格迥然相异，更易为大众接受。苏轼说："颜鲁公书，雄秀独出，一变古法，如杜子美诗，格力天纵，奄有汉魏以来风流。"[1]米芾称："颜真卿如项羽挂甲，樊哙排突，硬弩欲张，铁柱特立，昂然有不可犯之色。"[2]宋朱长文《书品论》将颜真卿列为"神品第一"[3]。

钱南园素仰颜真卿的人品书风，心追手摹，数十年不辍。在学书过程中，他也和颜真卿一样，先多方吸取，兼采各家之长，后主习颜体，得其神髓，加以变通创造，自铸高格。在清初"书家无不学董"的风气下，钱南园不随俗流，上学鲁公，有变一代风气之功。唐以来，学颜鲁公不乏其人，诸书家虽同学颜而风格迥异。蔡襄学颜而出以温润婉美，苏轼学颜而出以潇洒飘逸，钱沣学颜则主要继承了颜书庄严端重雄伟磅礴的气势。在这一

[1]（宋）苏轼:《论唐六家书》，见《佩文斋书画谱》卷10。

[2]（宋）米芾:《续书评》，见《佩文斋书画谱》卷10。

[3]（宋）朱长文:《续书断》，见《佩文斋书画谱》卷10。

点上，似乎没有人能和他同日而语。李瑞清说：“南园侍御当乾隆时，朝廷重董书，士大夫莫不人人谈墨渴笔称华亭矣。侍御能于举世所不好之时上学鲁公，即此可想见其独立不阿之概。……能以阳刚学鲁公，千古一人而已！”[1]这是颇具慧眼的。以钱南园《周官外史掌三皇五帝之书》楷书帖为例来说，其方整端庄的结体，浑厚苍劲的用笔，整齐而茂密的章法，无不是颜书的典型特征。然而，在颜书的基础上又有不少变化，如颜书横画多向右上方倾侧，较长者或呈上凸之状，钱书则取势平直；颜书左右两侧的竖画每取凸之势，钱书多为标直；颜书横细竖粗，钱书则大致相近。颜书以雄强胜，钱书以刚健胜。钱的楷书结体更富于变化，点画力度更强，外似平和而内实坚刚。钱南园的人品书风，也使得许多人钦慕。清代书家何绍基、翁同龢，民国年间的谭延闿、胡小石、赵藩、陈荣昌等，都学钱书，并各自有所成就。钱南园在中国，尤其是江南的书法界，产生过较大的影响。前人曾有诗赞道：“举世沉酣赵董日，昆明异帜独鲁公。莫言书法属小道，天挺人豪故不同。”（《谭祖庵

[1]（清）李瑞清：《跋钱南园大楷册》，见《中国美学史资料类编·书法美学卷》。

诗册》，影印本）其作品除中国各地有流传外，美国多所博物馆亦有收藏。

别具一格的孙髯翁等的楹联

对联，是诗的一个分支，是中国独有的一种文体，是最富于群众性的艺术样式之一。它要求上下联字数相等，互相对仗，平仄相对，与律诗的成熟和发展有密切关系。它兴于唐，盛于明清。初，多为短小之作，至清乾隆年间昆明大观楼长联的出现并获得成功，长联这一艺术形式，才广为人们所运用。其联为：

五百里滇池，奔来眼底。披襟岸帻，喜茫茫空阔无边。看：东骧神骏，西翥灵仪，北走蜿蜒，南翔缟素。高人韵士，何妨选胜登临，趁蟹屿螺洲，梳裹就风鬟雾鬓，更蘋天苇地，点缀些翠羽丹霞。莫孤负四围香稻，万顷晴沙，九夏芙蓉，三春杨柳；

数千年往事，注到心头。把酒凌虚，叹滚

滚英雄谁在？想：汉习楼船，唐标铁柱，宋挥玉斧，元跨革囊。伟烈丰功，费尽移山心力，尽珠帘画栋，卷不及暮雨朝云，便断碣残碑，都付与苍烟落照。只赢得几杵疏钟，半江渔火，两行秋雁，一枕清霜。

上联写滇池四周风光，巧妙地将历史神话传说与壮丽多姿的当地景物结合起来，并以动写静，显得神奇富丽，生机勃勃，有声有色。下联回溯历史，从古及今，由有关云南的史实，联想到整个封建社会，洞察生活的底蕴，从一个侧面对显赫一时的封建帝王活动进行了批判和否定，预示了它的没落，批判的锋芒，力透纸背。一纵一横，囊括了广阔的时间与空间，显得大气磅礴，气势恢宏。强烈的地方色彩与深邃的哲理思考，有机地融为一体。作者孙髯，昆明寒士，生活年代约与曹雪芹同时，作品的思想锋芒与深度亦与《红楼梦》异曲同工。对此，政治嗅觉灵敏的云贵总督阮元曾说此联“骎骎乎说到我朝”，为“扶正消逆”，大加窜改。[1] 1963

[1] 梁章钜：《楹联续话》卷二，北京：中华书局，1987年。

年陈毅来游昆明，读此长联，感受到：“腐朽制度终崩溃”，“迄今长联是预言”[1]，道出了长联的思想深刻性所在，可谓知音。郭沫若读后亦挥毫题诗：“长联犹在壁，巨笔信如椽。我亦披襟久，雄心溢两间。”[2]

此联在结构上也匠心独运：上联“东骧神骏”与下联“汉习楼船”等四句，各有历史典故为据，且贴切生动，流畅自然。上联喜，下联悲；上联色调暖，下联色调冷；上联绚丽多姿，下联凄清昏暗，两种不同的感情色彩互相对比，强化了表达效果。同时，体制上也大胆创新，我国对联的创作历史悠久，但在此之前体制较为短小，为表达深广的社会内容，作者吸收了古典诗词及骈文的优点，大胆突破陈规，每支达 90 字，全联共 180 字。这种勇于另辟蹊径的独创性，使得孙髯的这副长联在对联发展史上闪耀着夺目的光彩，占据着重要地位。福州梁章钜在道光庚子（1840 年）刊刻《楹联丛话》时，记云：“胜地壮观，必有长联始称，然不过二三十余字

[1] 陈毅：《船舱壁间悬孙髯翁大观楼长联读后喜赋》，《人民日报》，1963 年 12 月 18 日。

[2] 郭沫若：《登楼即事》，手迹悬昆明大观楼二楼。

而止。惟云南省城附郭大观楼一楹帖，多至一百七十余言（实为 180 字），传诵海内，虽一纵一横，其气足以举之，究未免冗长之讥也。”[1] 毛泽东于 1958 年在成都读至此，针对梁的“冗长”说批道：“从古未有，别创一格，此评不确。”[2] 据说，毛泽东喜爱此长联，“他能背诵如流”[3]。邓小平一家在休息日，也常背诵大观楼长联。至于古今诗人学者，赞颂孙髯大观楼长联的诗文更以百计。

自大观楼长联之后，全国各地风景名胜创作刊刻长联蔚然成风，其著名者省内有：文山五夫子祠联、腾冲龙光台联、巍山培鹤楼联、通海秀山联、玉龙雪山联、通海海潮寺联等；省外有贵阳甲秀楼联、武昌黄鹤楼联、马鞍山采石矶太白楼联、成都望江楼联、湖南岳阳楼联、南京莫愁湖联、长沙天心阁联等等。[4] 有人还将长联这一艺术形式，应用以针砭时弊，反映当前的社会问题，

---

[1]《楹联丛话》卷七，胜迹下。

[2] 龚育之等:《毛泽东的读书生活》，北京：生活 · 读书 · 新知三联书店，1986 年，第 7 页。

[3] 同上书。

[4] 可参余德泉:《中国长联三百三》，云南人民出版社，1987 年。

如《讽吸鸦片烟者联》、《叹科举考试联》，以及众多的挽联等等。

由于孙髯翁的大观楼长联被誉为“海内第一联”或“海内长联第一佳者”，“闻者莫不兴起，冀一登临为快”。大观楼，也就与武昌黄鹤楼、南昌滕王阁、湖南岳阳楼一道，成为中国的文化名楼了。

值得一提的是湖南的岳阳楼的出名，与杜甫《登岳阳楼》诗、范仲淹《岳阳楼记》有关，其中也有云南罗平人窦垿的一份功劳。他曾为岳阳楼写过一副长联：

> 一楼何奇：杜少陵五言绝唱，范希文两字关情，滕子京百废俱兴，吕纯阳三过必醉；诗耶，儒耶，吏耶，仙耶，前不见古人，使我怆然涕下；
>
> 请君试看：洞庭湖南极潇湘，扬子江北通巫峡，巴陵山西来爽气，岳州城东道岩疆；潴者，流者，峙者，镇者，此中有真意，问谁领会得来？

据《滇诗丛录》所载，窦垿于1821、1825、1837、1840、1850、1863、1864年先后七次登岳阳楼。有《六登岳阳楼》及《七登岳阳楼》诗纪事。后一首云：

出处常怀范相忧，卅年七泛少陵舟。
地收吴楚难为水，天设湖山供此楼。
万顷外疑波不尽，千秋中有我来游。
故人珍重书楹帖，好与张公墨妙留。

诗的末联写明，七上岳阳楼时，撰写岳阳楼长联，以便与张得天书的范仲淹的《岳阳楼记》留存天地。还有附记："垿撰岳阳楼对，道州何子贞书，木刻，悬张得天书范记两旁。"足证此联为窦垿所撰。不少人将书者何绍基当成撰者，大谬。

上联纵贯历史，将杜甫题诗、范仲淹的忧乐观、滕子京的政绩、吕洞宾的传说熔为一炉，写出岳阳楼历史侧影，一串文化珍珠。杜甫和范仲淹的忧国忧民的怀抱，滕子京"百废俱兴"的业绩，扣动了作者的心弦；身处乱世，欲救国救民，振兴国家而未能，怎能不使人如唐代陈子昂那样“独怆然而涕下”呢！下联横扫洞庭风光，依次写南北西东四面景物，意境开阔，气象雄浑，精神亦为之一振。上联忧郁，下联旷达，正如当年陶渊明“采菊东篱下，悠然见南山”，“此中有真意，欲辩已忘言”了。此联问世后，与杜甫的岳阳楼诗，范仲淹的《岳阳楼记》并列为岳阳楼的名作而传遍天下。

在20世纪有广泛影响的一首歌、一本书

在20世纪30年代，云南许多青年积极投身时代的洪流，在思想文化界创作了一系列作品，如小说《铁轮》（张天虚著，上海春光书局，1935年出版）、《他的子民们》（马子华著，上海春光书局，1935年出版）、译作高尔基的《幼年时代》（罗稷南译，商务印书馆，1931年出版）、论著《新兴文学论丛》（施章著，中央大学出版，1930年7月）、《太平天国的政治思想》（李群杰著，上海真理出版社，1937年出版）等等。其中最为突出的是聂耳创作的歌曲和艾思奇的哲学著作。他们“分别在音乐和哲学的领域取得了卓越的成就，为左翼文化留下了

珍贵的精神财富，对我国人民作出了巨大的贡献”[1]。

聂耳（1912—1935年），原名守信，字子义，又作紫艺。聂耳是他在上海联华影业公司时用的名字。[2]他自幼喜爱音乐，能演奏多种乐器。1930年到上海，在一家商号当店员，次年考入明月歌剧社任小提琴手，1932年末进入联华影业公司，1933年初，由田汉介绍、夏衍监誓加入中国共产党。随即与任光等人发起组织中国新兴音乐研究会，探讨在帝国主义入侵、人民苦难深重的现实面前，音乐家如何“代替大众呐喊”的问题。同年开始了他的音乐创作，为独幕话剧《饥饿线》写插曲《饥寒交迫之歌》，为女报童“小毛头”写《卖报歌》。1934年进入英商“东方百代公司”任音乐部副主任，改编演奏了《金蛇狂舞》、《翠湖春晓》等民族器乐曲；为歌剧《扬子江风暴》创作了《码头工人》、《苦力歌》等；为影片《桃李劫》写了主题歌《毕业歌》；为影片《大路》创作主题歌《大路歌》、序歌《开路先

[1] 周扬:《艾思奇文集序》。

[2] 见《聂耳全集》下卷，文化艺术出版社、人民音乐出版社，1985年，第135页。

锋》等。1935 年任联华影业公司二厂音乐部主任，为影片《新女性》配音并作主题歌《义勇军进行曲》及插曲《铁蹄下的歌女》。在两年多的时间里，创作了 30 多首歌曲，他的不少作品虽是为影剧而作，但比影剧本身更富于生命力。在《铁蹄下的歌女》、《梅娘曲》等抒情歌曲中，用忧郁、哀婉而又充满希望的乐曲，抒发底层妇女丰富的感情和崇高的胸怀。在《毕业歌》、《大路歌》等群众性的歌曲里，作者将广大群众的痛苦、愤怒、呼号等语言，加以提炼和艺术化，形成短促、明快、有力的旋律，表达人民大众反帝爱国的坚强决心和一往无前的精神，成为“中国革命之号角，人民解放之鼙鼓也”[1]。其中《义勇军进行曲》丁 1949 年 9 月 27 口经中国人民政治协商会议第一届全体会议决议，作为中华人民共和国代国歌。1982 年 12 月 4 日，第五届全国人民代表大会第五次会议，正式定为中华人民共和国国歌。“闻其声者，莫不油然而兴爱国之思，庄然而宏志士之气，毅然而同趣于共同之鹄的。聂耳乎巍巍然，其与国歌并寿

[1] 郭沫若:《人民音乐家聂耳墓志》，1954 年。

而永垂不朽。”[1]聂耳成为我国“革命音乐的奠基人”，“他在音乐上所作出的贡献，无愧为我国自‘五四运动’以来的新音乐运动中一面革命的旗帜”[2]。随着中国国际地位的提高与国际交往的扩大，国歌的旋律已传遍全世界。

几乎与聂耳创作歌曲的同时，艾思奇也在哲学领域展现了他的才华。艾思奇，原名李生萱，1910 年生于腾冲，次年迁居昆明，1927 和 1930 年曾两度到日本读书，学的是冶金专业，却酷爱哲学。1932 年到上海，先在泉漳中学任理化教员，后进入《申报》图书馆，该报辟有“读书问答栏”，后独立出来成为半月刊《读书生活》杂志，由爱国人士李公朴先生主编，艾思奇参与编辑，常撰稿解答各地读者提出的问题，介绍一些较好的文学、社会科学和自然科学方面的作品，并就社会青年关注的问题，作些启发引导。艾思奇看到的是 1931 年“九一八”事变以来日本侵占东北，民族危机日益严重；蒋介石连续发动对红军的“围剿”，内战连年；经济破产，失业

[1] 郭沫若:《人民音乐家聂耳墓志》，1954 年。

[2] 吕骥:《聂耳全集》序言。

人数增加；中国的出路何在，怎样改造当前的现实？无数迷惘的眼睛在期待。建立科学的世界观和方法论，才能结合中国的实际改造旧世界，建立新社会。哲学需要群众，群众也需要哲学。但哲学的高深玄妙，多停在书斋里讲堂上，对文化水平较低的人来说，很难亲近和理解。艾思奇决心在哲学的大众化通俗化上努力。经过构思酝酿，于1934年11月开始，在《读书生活》杂志上发表《哲学讲话》，每期一题，连续刊出，从《哲学并不神秘》始，《一个招牌上的种种花样》、《卓别林和希特勒的胡子》、《七十二变》等渐次展开，至1935年11月止，共得24篇，于1936年1月结集出版单行本。至1936年2月第3版时，遭反动当局的查禁。1936年6月改名为《大众哲学》出版，即第4版。1938年出至第10版，至1948年已出到第32版。可见它在广大群众中，尤其是青年中产生了巨大的影响。不少青年因看了这本书，对马克思主义哲学发生了兴趣，走上了革命道路。有人回忆《大众哲学》："它在我们初学社会科学的青年学生心目中，具有非常高的威信；它讲的是人们日常生活中的事理，但通俗易懂，寓意深刻。""我对哲学的兴趣，是从这里开始的。”[1]贺敬之在他的诗里曾吟诵道：

传递着，传递着，我们的“火炬”——
啊，我们的《新华日报》，
我们的《大众哲学》。[2]

这火炬，使“彷徨、苦闷、悲观”的青年，“仿佛在黑暗中看到了曙光”，“毅然投身革命行列”[3]。“当时有《大众哲学》动员了十万青年参加革命的说法。”[4]就连抗日战争时期住在昆明的著名的西南联大教授闻一多，也曾认真阅读过《大众哲学》，把它当成“入门书”[5]。

此书的特点，诚如李公朴先生所言“是用最通俗的

[1] 王匡：《我所知道的艾思奇同志》，见《一个哲学家的道路》，云南人民出版社，1985年，第140页。

[2] 转引自郑易里：《艾思奇和他的〈大众哲学〉》同上书，第52页。

[3] 卢国英：《学者和战士》，同上书，第238页。

[4] 刘大年等主编：《中国复兴枢纽——抗日战争的八年》，北京出版社，第505页。

[5] 何善周：《千古英烈万世师表》，见《闻一多纪念文集》，三联书店，1980年，第261页。

笔法，日常谈话的体裁，深化专门的理论，使大众的读者不必费很大的力气就能接受。这种写法，在目前出版界中还是仅有的贡献”。又说：“尤其值得特别一提的是这本书的内容，全是站在新哲学的观点上写成的。新哲学本身是大众的哲学，然而，过去却没有一本专为大众而写的哲学著作。”[1]

以此书为起点，艾思奇进一步深入研究马克思主义哲学，以答读者的方式写了《哲学与生活》，毛泽东读后于1937年致信艾思奇称：“这是你著作中更深刻的书，我读了得益很多。”[2]1954年写成《辩证唯物主义纲要》；1961年主编《辩证唯物主义历史唯物主义》一书，为1949年中华人民共和国成立后第一本较为系统准确地论述马克思主义哲学原理的大学教科书，在哲学教育界有广泛影响。

1966年3月艾思奇病逝，终年56岁。对一位学者来说，这正是思想成熟、成果丰硕的时期。他的突然去世，留下了许多遗憾。不过，他的《大众哲学》和毛泽

[1] 李公朴：《大众哲学》序。

[2]《毛泽东书信选集》，人民出版社，1983年，第112页。

东的《实践论》、《矛盾论》及李达的《社会学大纲》一道，“标志着中国马克思主义哲学已经形成，在中国现代哲学史上具有划时代的意义”[1]。

科技之光在边陲闪耀

云南是植物王国，植物的栽培和利用，是先民长期探索的重要问题。为了生存，人们约在四千年前就种植了稻谷，千余年前就已栽培茶树；为了健康，人们积累中草药知识，明代嵩明人兰茂所著的《滇南本草》便是其中较突出的代表。

兰茂（1397—1470年）字廷秀，号止庵，晚年又号玄壶子、和光道人，嵩明杨林镇人。生活在明洪武至成化年间，约与七下西洋的昆阳人郑和同时。他家道小康，生性聪颖，勤奋好学，兴趣广泛，博览群书。及长，才气超群，学识渊博。然无意科举仕途，隐居乡里，设馆授徒。因教学需要，他编了《韵略易通》和《声律发蒙》，汰繁就简，切要实用。《韵略易通》明代就流传到浙江、

[1] 吕希晨、王育民:《中国现代哲学史》，吉林人民出版社，1984年，第304页。

山东、山西，并有翻刻本。钱玄同先生于民国十年“讲学于教育部国语传习所，极称兰廷秀《韵略易通》在音韵学史上之重要”[1]。张世禄先生认为：“我们从音韵学史上看来，《韵略易通》的价值，却不在《中原音韵》之下。”[2]兰茂由此成为云南乃至全国有影响的音韵学家。为了治病，他常走乡串寨，虚心询问父老，搜集药物单方；不畏严寒酷暑，跋山涉水，尝百草，辨药性，采标本，绘图形，积数十年艰辛，著成《滇南本草》，吸收了前贤及时人的经验，其后又有门人作了一些增补，成为一部较为系统的区域性药物学著作。“整理本”共载药物 544 种，半数以上为云南地方性中草药。体例多为正名、别名、性味、归经、功效、主治、应用、用法、附方等。例如“狗屎花”条下叙述：“正名：狗屎花。别名：一把抓。性味：苦、微咸、寒。归经：入肝、肾经。功效：升降肝气，利小便，消水肿，泻胃中湿，止肝气疼。主治：黄疸，眼红发黄，遍身如金。又治疝气痛等症。”书中多有图录，便于识别。论述以临床运用为中心，其性

[1] 方国瑜：《兰廷秀〈韵略易通〉跋》。

[2] 张世禄：《中国音韵学史》，上海书店，1984 年，第 237 页。

味、归经、功效为临床运用提供理论根据，而主治、应用、附方医案，则是性能功效的具体体现。药物与方剂结合，列306个附方，组方严谨，疗效显著，便于使用，至今仍有较高的学术和实用价值，是一部继承我国《神农本草》以来的药物学传统，而又有浓厚地方特点和独创性的药物学专著。成书以来“滇中奉为至宝”，竞相传阅研习，对云南人民抗御疾病、延年益寿方面功不可没。诚如清光绪年间周清源为本书所写的序言中说，“止庵手著《滇南本草》附《医门览要》一书，其间辨药性之周详，明脉理之精微，审见症之确切，附汤方之合宜，种种悉备，有益济世，莫可名言”。值得一提的是，《滇南本草》的出现，早于李时珍的《本草纲目》一百余年，其“记录民族医药之权舆”[1]的地位和原创性不可忽视。云南近代制造的药物中，“云南白药”声誉极高，它是江川人曲焕章（1882—1938年）于1900年前后研制发明的，采用云南三七等中药材作原料，有止血、镇痛、消炎作用，对跌打损伤等症有奇效。经百年的发展，今已成为遍销世界的著名系列药品。

[1]《重印务本堂原刻〈滇南本草〉前言》，1980年。

在数学领域，云南先民亦留下了一系列成果。宋元之际建立的曹溪寺正殿，屋檐设一圆孔，有“月映佛胸”之景；明代昆明城中建立的金马、碧鸡二坊，有月影、日影交辉的奇观，其间包涵着天文学、数学的科学运用；清代赵州的李彪有《筹算法》、晋宁宋演有《勾股一贯述》等数学著作。近代云南卓有建树的数学家当推熊庆来（1893—1969 年），他是弥勒人，字迪之，曾赴比利时、法国留学，获理学硕士学位。1921 年回国，在东南大学创办算学系，1926 年到北京清华大学创办算学系。他在教学制度、教学内容、教学方法、课程设置等方面，多采用西方现代数学及其教育模式，成为中国创立现代数学的先驱。其后他创办清华大学算学系研究部，这是我国近代第一个从事数学研究的专门机构。1932 年在出席苏黎世世界数学会议后，他到巴黎庞加烈研究所研究函数论，潜心二载，写出《关于整函数与无穷极的亚纯函数》，他定义的“无穷极”被国际数学界称为“熊氏定理”。1933 年获法国理学博士学位。1934 年回国仍任清华大学算学系主任、教授。教学中陆续写成《高等数学分析》、《方程式论》等著作。1937 年回滇任云南大学校长，选贤任能，使云大教学及研究水平大为提高。1949年到巴黎参加会议，在法研究期间不幸病魔袭来，致半身不遂。病稍轻，于1956年撰写《关于亚函数及代数体函数，奈望利纳的一个定理的推广》一书，列入法国数学丛书之一，为人称道。1957年回北京，在中科院数学研究所从事研究，直到1969年病逝。熊庆来先生在数学及研究工作中，乐于提携青年，他曾培养了华罗庚等著名的数学家，堪称我国科技和教育界的一代宗师。

此外，天文学家陈一得、植物学家蔡希陶、数学家朱德祥及当代的中科院及工程院院士吴征镒、王希季、戴汝为、陈景、苏君红……都做出了全国乃至世界先进水准的优良成绩。他们犹如明亮的科技之星，闪耀在西南边陲。

红土高原的艺术之花：滇剧、花灯

云南地方戏中属于汉族或以汉族为主的地方剧种有滇戏、花灯、大词戏、曲剧、杀戏等。以滇剧和花灯特色浓、影响广、成就高。

滇剧孕育于明，形成于清，盛于民国及当代。元明之际，中原戏曲进入云南，明景泰五年（1454 年），嵩明人兰茂曾撰《性天风月通玄记》，嘉靖年间，杨慎有“滇音按歌，秦声半讹”之句，明末，晋宁唐泰招待徐霞客“具酌演”。清康熙三十六年，浪穹（今洱源）何蔚文作杂剧《缅瓦十四片》，康熙四十六年，宜良草甸由于长期以来于新春花潮之时，各村盛会，“寄之歌唱，妆以傀儡”，感到“会非戏则聚不久，聚不久则情不畅”，因而于土主庙前搭建戏台，名为“祈丰”。康熙四十年，昆明有石俯、长乐等四戏班建“乐王庙”，乾隆五十三年吉祥、长春等八戏班建昆明老郎宫，供奉戏剧祖师爷。[1] 各戏班为了争取观众，顺应云南的民意、民情、民风，在内容和形式上逐步地方化，约于清代道光前后，形成了独具特色的滇剧。光绪二十五年朱庭珍等在《莲湖花榜》中，以诗的形式对当时的名伶进行了品评。清末《苦越南》、《悲滇》等反映现实的滇剧出现。民国初年，戏园勃兴，遍及全省，罗香圃、栗成之、竹八音等为骨

[1] 顾峰:《云南歌舞戏曲史料辑注》。

干的“群舞台”兴盛一时，为滇剧的发展、提高作出了贡献，并留下了一批唱片，保留了100多个剧目的唱段，使滇剧影响扩展到省内外。1949年至1966年，先后成立了云南省滇剧团及昆明、曲靖、玉溪、楚雄、红河、思茅、临沧、丽江等23个市、州、县滇剧团，活跃于城乡各地；出现了戚少斌、碧金玉、彭国珍、万象贞等名演员。

滇剧的声腔以丝弦、襄阳、胡琴为主，多由外地传入，经过长期的流传演变，逐渐形成了地方特点，有较强的艺术表现力。它用云南方言演唱，声、韵、调上有自己的个性。丝弦源于早期的秦腔，兼有高亢激烈、热情欢快和温柔细腻，有“甜”腔，亦有“苦”腔。襄阳腔来自汉剧襄河派，属今西皮腔系，高亢明亮，顿挫有力，流畅轻快，活泼自然。胡琴来自徽调，今属二黄腔系，长于表现哀伤、沉痛的情绪和凄凉悲壮的气氛。演出时或以一种声腔为主，或多种声腔穿插并用，视剧目、剧情而定。各腔基本板式已形成男女腔之别和不同行当的特征。伴奏音乐文、武场兼备，有丰富的吹牌、曲牌和锣鼓经。各种角色行当俱全，有脸谱百余幅，灌注了历代艺人的爱憎和审美情趣，如秦始皇（杨崇福绘）、项羽（王少明绘）等很有特色，《劈杨藩》中的丑鬼杨藩，被劈一次把头上额部头像抹掉一个，直变到三次而死。“变脸”特技的使用，颇具匠心。

滇剧的剧目，有1650余个。[1]民国年间刊行的有《滇戏》、《滇戏曲谱》（梁星舟等辑，1923年）、《滇戏指南》（栗成之编，1930年，12册）等；1949年后刊行的有《云南十年剧目选·滇剧集》（1959年）、《滇剧剧目》（三集，1961—1964年）等。传统剧目多为口传心授，上个世纪五六十年代进行了广泛的发掘整理，至1950年记录下来的近千种。其中一部分是其他剧种移植，另一部分为本省作者自己创作或根据其他文学作品改编的。辛亥革命以来，时有反映现实的剧作，如写辛亥、护国生活的《党人血》、《援川》，反映抗日的《国家恨》，描写生活某一片断的《戒烟记》等。1949年以后，传统剧目、新编历史剧及现代剧三者并举，整理改编了《牛皋扯旨》、《打瓜招亲》、《鼓滚刘封》等大批传统剧目，新编了《望夫云》、《元江烽火》、《瘦马御史》等历史剧，创作了《佤

[1]《中国戏曲志·云南卷》，中国ISBN中心出版，1995年，第95页。

山雾》、《迎春曲》等现代剧，在全国汇演中多次获得奖励。滇剧《借亲配》于1959年拍成舞台艺术片在全国放映，受到好评。

滇戏流传于云南全省和四川、贵州的一些地区。爱好者城乡均有，尤以农村为多。业余组织大大超过了专业团体，因而它有较深厚的群众基础。

云南花灯约在明代中后期兴起，流行于汉族聚居或汉民族与其他民族杂居的乡村，是群众尤其是农民在欢度新春，闹“社火”的时候，载歌载舞自娱自乐的一种艺术形式。它生活气息浓厚，为百姓所喜闻乐见。至清初已较盛行。在禄丰，“元宵张灯三日，士庶会构灯棚”；在澄江，“澄阳社事春更好”，“歌扇舞衣香郁郁”；在宜良，“时当春仲，春光明媚，甸中民社，各扮春装，点缀春景，挝鼓筛金，丝竹嘹亮，旗幡缥缈，优俳歌舞”[1]。清末，农村中有灯会、灯班、灯棚等业余演出组织，民国初年，仅昆明官渡区就有28个。[2]元谋县有

---

[1] 顾峰编：《云南歌舞戏曲史料辑注 · 云南文献中有关小曲或花灯的论述》，第121、122、515页。

[2]《昆明市志》第9册，第368页。

39 个花灯社，[1] 可见其分布之广，数量之多。1938 年，王旦东与花灯艺人熊介臣等组织了“农民救亡灯剧团”，编演了《张小二从军》、《茶山杀敌》等新剧目，在昆明、滇西、滇南 40 多个县进行演出，历时一年多，在演出内容与时代的结合上，在曲调的继承和发展上，作了有益的探索，表现了艺人们崇高的爱国热情。1946 年后，昆明花灯艺人先后在“庆云”、“华丰”等彩排茶室进行营业演出，吸收了部分戏曲剧目和声腔，被称为“夹灯戏”。1951 年成立了昆明人民灯剧团，1956 年成立云南省花灯剧团，有了专业的演出团体。

花灯的曲调，一部分为早期移民从中原带来的民间小曲，如《打枣竿》、《桂枝儿》；一部分为当地的民间小调略加改造，成为花灯曲调；还有变自其他戏曲声腔或洞经音乐者。花灯音乐音节较为规整、轻快、跳跃，动感很强。艺人们将自己熟悉的生活、人物、故事编成唱词或小戏，用当地人民所喜闻乐见的语言、曲调及舞蹈表现出来，这就从内容到形式都有浓郁的地方特色。说乡事、唱乡音、跳乡舞，是花灯突出的特点。

---

[1]《元谋县志》，第 366 页。

民间花灯重在歌舞。艺人们在“歌”与“舞”上积累了丰富的经验。花灯舞蹈的基本动作特点是“踮”。俗话说，“不踮不成灯”，娴熟的花灯艺人上场一踮，那胯的左右踮动带动了上身向相反的左右摆动，配合手的“风摆柳”，身体形成波形三道弯，具有流畅感，加上“捻扇”等动作，就能表现出千种风情。“踮”花灯时的道具，以扇和手巾为主，琳琅满目、色彩鲜艳的扇子、手巾，优美丰富的捻扇、扣扇、抖扇、翻花扇等等“扇花”动作，与青年男女歌舞相互配合，使得舞台花团锦簇，妙趣横生，荡漾着春意春情。

民间的花灯演出，有边走边舞的“过街灯”，有在庭院演出的“院坝灯”，有在谷场上或空地上演出的“院坝灯”。为让四面八方的观众都能看到，其队形多用圆圈形。演出时先用不带情节的集体舞把场子拉开，将观众吸引过来，称之为“团场”，或用一丑角即兴表演并向主人或观众说些吉庆祝贺的话。接着就有花灯歌舞或花灯小戏演出。歌舞多以“问答”、“猜谜”的形式出现，小戏多以爱情婚姻、伦理道德为题材。情节曲折的大戏，是在上个世纪 40 年代花灯进入城市进行营业性的演出后才逐渐出现。

对云南花灯的整理和研究，以昆明官渡区的施章较早，他于1921年至1923年在当地收集整理的《农民杂剧十五种》，用简谱形式记录下花灯音乐。继而徐嘉瑞于1939年至1940年间，在官渡收集花灯资料，写成《云南农村戏曲史》，对新旧花灯的剧目、音乐源流演变作了研究，附录用工尺谱记录的新老花灯曲调26个。1949年以后，文艺工作者对云南各地的花灯音乐、戏曲剧目进行了广泛的收集整理，并分若干专题出版。至1965年已收集到花灯曲调1000余首，剧目200出左右。[1]整理出《大茶山》、《游春》、《探干妹》、《闹渡》、《三访亲》等一批节目，创作了《依莱汗》等大型现代花灯剧。[2]这些剧目演出后，广受群众的欢迎。

花灯的角色注重三小，即小生、小旦、小丑。由于剧目逐渐丰富，角色的要求也日益细致，即以小生为例，有娃娃生、文雅小生、风流小生、大小生、二小生等等，要求五官端正、身材匀称、嗓音清脆、浑身柔活、脸部

[1]《云南戏曲曲艺概况 · 云南花灯》，云南人民出版社，1980年。

[2]《云南十年剧目选 · 花灯集》，云南人民出版社，1959年。

有戏、眼睛传神、演得出性格。1949年前，李芹、李永年、熊介臣、张万育等较著名；1949年后，史宝凤、袁留安、黄仁信、张琼华等在群众中影响大、戏迷多。

对于花灯，民间传言“乡里生，乡里长，乡里人民将它养”。扎根于人民深处的艺术之树是常青的。

（本文原载《云南文史》2004年第一期。）

昆明园林二千年

一

历史文化名城昆明，是云南省省会，我国西南地区重要的中心城市之一，也是我国通往东南亚、南亚次大陆的重要枢纽。

昆明市位于云南省中部偏东北，云贵高原中部，面积 21 111 平方公里。辖 5 个区（盘龙、五华、官渡、西山、东川）、1 个县级市（安宁）、8 个县（呈贡、晋宁、宜良、嵩明、富民、石林彝族自治县、禄劝苗族自治县、寻甸回族彝族自治县）。据 2000 年人口普查，全市总人口为 578.1 万人，其中汉族人口为 502.8 万人，占 87%，少数民族人口为 74.7 万人，占 12.93%，是以汉族为主，多民族和谐共居的城市。

昆明城山环水抱，风光明媚，气候温润，大自然的精心妙手造就了这里的金碧湖山、万千气象。由于新生代第三纪喜马拉雅地壳运动的影响，青藏、云贵高原逐步抬升，欧亚板块与印度板块挤压，造成褶皱、变质和断裂，昆明湖盆东西两侧上升为梁王山和罗汉山（西山），中部陷落处积水成湖，形成了滇池，周围即为盆地。北部高山隆起，拱王山绵亘于东川、禄劝、寻甸之间，呈南北走向，北隔金沙江与四川境内的鲁南山相望，最高峰雪岭海拔 4344 米，次高峰马鬃岭海拔 4247 米，第三高峰轿子山海拔 4223 米，冬春常有积雪，故又称轿子雪山，顶部有冰川遗迹。东西两侧河流急剧下切，形成大峡谷，其与金沙江汇流处海拔 746 米，为昆明市最低点；东为小江峡谷，为明显断层岩山地，峰峦起伏，磅礴险峻。昆明中部和南部由于水的溶蚀作用，喀斯特地貌发育典型，地表塔状、锥状、柱状的高大石峰丛丛簇立，形成石林天下奇观；大大小小的地下溶洞群遍布各县，洞内的石笋、石柱、石幔、石钟乳上下穿插，各呈异姿。

昆明境内河流纵横，水网密布，以滇池为中心，十数个高原湖泊、水库，似一面面明镜镶嵌其间，与普渡河、盘龙江等河流互相沟通，形成“瓜连藤、藤串瓜”的独特风貌。温泉出露50余处，溶洞内多有暗河淙淙作响。复杂多变、千差万别的地形地貌，为园林的建设、旅游的发展提供了丰富资源。

昆明由于北部高山屏障，遮住北来的寒流，加上孟加拉湾暖湿气流的影响，形成了“四季无寒暑”的气候，被誉为“春城”。5—10月为雨季，11月至次年4月为干季。年平均气温14℃—16.3℃，1月平均气温6.4℃—8.4℃，7月平均气温19.5℃—21.7℃。年降水量790.9—1094.2毫米。年日照数2074.7—2481.2小时，无霜期233—341日，属中亚热带温润气候区，是最适宜于各种动植物生长、花卉栽培的地区，也是人类理想的居住、旅游之地。

昆明历史悠久，文化积淀丰厚。1973—1977年在呈贡龙潭山发现距今三万年的古人类牙齿、颅骨、体骨化石，定名为“昆明人”。从遥远的年代起，这块土地上就有人类繁衍生息。战国时期（前475—前221年）这里为滇国中心区，公元前3世纪，庄跻带楚兵入滇，“变服，从其俗，以长之”，在今晋宁一带建立都城。

1955—1960 年在晋宁石寨山出土金质“滇王之印”，以及大批精美而富于地方特色的青铜器。2000 年官渡羊甫头古滇墓葬中发现精致的漆器、陶器及铜奔马，丰富了滇文化的内涵。汉武帝元封二年（前 109 年），设益州郡，郡治设在滇池县（今晋宁县晋城）。公元 18 年，文齐任益州太守，“开通灌溉，垦田二千余顷，率厉兵马，修障塞”，保障社会安定。今石林及其邻近县尚存“障塞”遗址。唐宋时期云南是南诏、大理政权。广德二年（764 年）南诏建拓东城，元和四年（809 年）定为南诏“东京”；劝丰祐时（824—859 年）置鄯阐府，为鄯阐节度驻地；大中十四年（建极元年，860 年）改为“上都”。大理国时称鄯阐府、东京。拓东城址在今昆明市区东南部，是今昆明城的前身。南诏时期有安宁王仁求碑，昆明东西寺塔；大理国时期有地藏寺经幢及安宁法华石窟等文化遗存。1253 年忽必烈带兵南下平大理。其后设立昆明千户，称昆明为鸭池城，1275 年改为昆明县。1276 年置云南行省，将云南政治文化中心从大理移到昆明，昆明成为云南的省会直至今天。元代意大利旅行家马可·波罗称昆明为“壮丽的大城”。昆明文庙（孔庙）、松花坝水库、赛典赤墓、王升的《滇池赋》等是元代昆明文化的遗存。明代，昆明为云南布政使司驻地。洪武十五年开始修筑砖城。清顺治十三年，即永历十年（1656年），永历帝入昆明，称滇都。明代出现了航海家郑和、药物学家兰茂、政治家杨一清等一批有成就的人物及其著作。昆明文化已与内地同步。清初设云南府，昆明仍为省会，辖昆明、富民、宜良、罗次、晋宁、呈贡、安宁、禄丰、易门、嵩明等县，与今昆明市范围相近。农业、手工业、矿冶业进一步发展。1915年蔡锷、唐继尧等在昆明举起护国讨袁的大旗，抗日战争时期昆明又成为全国著名的“民主堡垒”。如果从庄跻入滇建城开始，昆明有2300年的历史；如果从南诏凤迦异筑拓东城算起，昆明有1200多年的历史；如果从赛典赤将它作为省会时算起，昆明作为云南的政治、经济、文化中心已700多年。昆明是1982年国务院公布的中国首批历史文化名城之一，是全国兼省会、特大城市和首批历史文化名城为一体的六个城市之一。

二

生活在昆明这块富饶美丽的土地上的昆明各族人民，很早就崇拜大自然，利用大自然。约于公元前 7 世纪的朱提（今昭通）人杜宇，带领部从向北发展，到成都平原自立为蜀王。他教民务农，“以汶山为畜牧，南中为园苑”（扬雄:《蜀王本纪》）。这“南中”概指今以云南为主的广大地区，滇池区域当包括在内。“园苑”是圈养禽兽以供帝王贵族狩猎游乐的场所，为园林萌芽。约公元前 3 世纪至前 1 世纪，战国至西汉时期，“滇国”与滇文化发展，在其青铜器上有“竞渡纹”，船头饰角形物，一人指挥，14 人荡桨。还有乘船歌舞的图案：鱼鸟嬉戏船边，船头一人奏乐，船中数人扬手作歌舞，展示了先民在水面荡舟娱乐的情景。《汉书 · 地理志》益州郡滇池县“大泽在西，有黑水祠”，这黑水祠，即今昆明黑龙潭。为先民自然崇拜的产物，祭祀主管水的神祇。安宁温泉，相传也发现于汉代，汉明帝永平年间（58—75 年）苏文达病后滞留南中，与郡王阿树罗结成朋友，他在郊游打猎时，见山下热气腾空，云烟如盖，在榛莽岩壑间发现温泉，于是招工开辟，渐成一方名胜。为纪其功，当地百姓曾于火龙寺中塑像供奉（《火龙寺碑记》）。

至南诏时期，随着佛教、道教传入云南，寺观园林出现。在圆通山麓“即岩建寺，曰‘补陀罗’”。“补陀”即“普陀”，是云南最早的观音寺。元初，更名为“圆通”。在昆明城南的常乐、慧光二寺旁的东西寺塔，始建于唐文宗在位年间（827—835年），今寺圮塔存。南诏的君臣还有在星回节“避风鄯阐台”，游猎赋诗之习（《太平广记》卷483引《玉溪编事》）。安宁王仁求碑及墓园，于武则天当政的圣历元年（698年）兴建。宋代，云南为大理国时期，社会安定，佛教盛行，石刻造像兴起，禄劝三台山大黑天神、多闻天王，晋宁上蒜乡下石美村北方天王，安宁洛阳山法华寺石窟，昆明地藏寺经幢，先后雕刻完成；昆明西山华亭寺、安宁曹溪寺、宜良法明寺等寺庙陆续建立，成为人们焚香礼佛、休闲游览的场所。

元代，云南建立行省，昆明被定为云南省会，王升《滇池赋》中列昆明八景：碧鸡峭拔、金马逶迤、玉案耸翠、商山攒穹、五华钟秀、三市阛阓、双塔擎天、大桥如虹。这八景中，既有自然景观，也有人文景观，多数是自然景观和人文景观的结合体。如梁王就曾在太华山建避暑宫，其址在今龙门下,《徐霞客游记》中称之为“南庵”。在华亭寺一带，大理国“鄯阐匡国侯高智升，以其冈峦峻峭，故竖楼台”以眺赏游玩。先后建太华、圆觉二寺。晋宁盘龙寺，昆明城西的龙华寺、海源寺亦陆续于元代建成。在此前后，赛典赤等在云南大兴儒学，于至元丙子（1336年）建成昆明文庙，次年建安宁文庙，是为读书之所，亦为文人雅集之地。

明清两代，是昆明园林发展较快的时期。游览之风亦较盛行。一批私家花园，各具特色，据明末昆明高应雷所记:“城西廓外为黔国西花园，名卉缤纷，穹宇内之奇丽。……东南廓二十里间，皆士大夫所构园亭圃业。素馨挽架，茉莉搀篱，匝地香葩，莺蝶亦醉。届期（花朝）则国中罢市，红翠出游，舞伎歌童，丝管叠韵。”（《花朝歌序》）他还记“松华坝，滇省东山胜地，有僧刹十余处。高氏之先人，买田数亩，手筑园亭，以为休政适情之所”（《故园秋色十二章》自注）。沐府西园，在府城西草海中，李元阳万历《云南通志》卷二记为“黔国莲池，匾曰‘水云乡’”。明弘治十八年（1505年）何景明因公来昆明曾有诗记：“池边二十五亭台，个个朱窗向水开”(《游沐黔国鱼池》)。据徐霞客所记，沐府渔池与小西门相距“一里半”。其中有楼曰“簇锦”，“山茶树四面簇之，故名”。(戴炯孙:《昆明县志·古迹》)沐氏的别墅花园尚有九龙池（今翠湖）畔的“柳营”及沐春建的“敬思堂”、沐昆建的“栖凤亭”等。除沐氏园林外，“郭氏花园，在绿水河东”，“刘氏花园，在金蝉寺畔”，“李氏竹园，在圆通寺西”，“陈家花园，……在城东南塘子巷”。(俱见戴炯孙:《昆明县志》)一些私家花园中，名花古树亦远近知名，如东郊施氏花园中的优昙花，其址后建昙华寺，今为名胜。城中张氏“朵红楼”前山茶“一株挺立三丈余，一株盘垂几及半亩。垂者丛枝密干，下覆及地，所谓柔枝也；又为分心大红，遂为滇城冠”(徐霞客:《滇中花木记》)。沐氏的“恺然堂”，环八景于外，“而堂处于中”；奇石环峙，层峦垒翠；奇葩异卉，嘉木垂荫；曲涧泉声，方池云影；石梁观鲤，花坞闻莺；虚亭夕照，古洞生风。其亭园布置颇具匠心

（童轩:《恺然堂八景诗序》）。

元明两代随着军屯、民屯的开展，中原移民大批进入云南，道教宫观亦纷纷兴建。元武宗至大元年至四年（1308—1311年），长春观在昆明建成。昆明城中另一个道观真庆观，元为真武祠，明永乐年间扩修，洪熙元年（1425年）改为真庆观（金问:《真庆观兴造记》）。在黑龙潭，于洪武乙亥（1395年）建道院一区“以奉天师像”（王景常:《龙泉山道院记》），后于其中建长春真人祠。在昆明西山，今三清阁一片有纯阳楼、玄帝殿、玉皇阁、抱一宫，路下边有雷神庙、三佛殿、福寿殿、关帝庙、张仙祠、真武宫，形成昆明西山的道教宫观群。“诸殿俱不巨，而点云缀石，互为披映，至此始扩然全收水海之胜”（徐霞客:《太华山游记》）。在昆明东北的鹦鹉山，于万历壬寅（1602年）仿照湖北武当山太和宫及金殿的规制，“铸铜为殿，环以砖城，规制宏丽”（康熙《云南府志》），俗称“金殿”，或太和宫，后逐渐发展成三宫十四殿四牌坊的格局。

元明两代昆明地区的一些重要自然景观陆续为人们重视，如今之摩和寨石林（乃古石林），元代称为石门，元《混一方舆胜览·云南中书行省》陆梁州条载:“石门,在陆梁西平壤中,石笋森密,周匝十余里,大者高数仞,参差不齐,望之如林,俯仰侧直,千态万状。东西行者穿行其中,故曰石门。”万历《云南通志》在引上述文字后补充:“又东出数百步,有离石焉,状类石岳三峰,宛然如画。”《路南州志》亦称石林在洪武以前即已为人所知,可互证。昆明大观楼,明代为沐氏训练水军休息之所,继为观音堂,清康熙二十九年开始建涌月亭、大观楼等建筑,成为以欣赏滇自然景观为主的名胜。昆明翠湖,明初仍为滇池的一个港湾,有河与滇池草海相连,后有人植荷其中。清康熙三十一年(1692年),于湖中建亭,“有亭翼然,占绿水十分之一”,大体反映了当年的风貌。呈贡的三台山,明代即建寺庙,“城建其下,形如伏凤,上瞰滇池,风帆之影,错落其中”,成为当地游览的景点。昆明城中的五华山,为眺览昆明全景之最佳处,元至元十四年(1277年)于“高阜之上创建五华大殿,匾曰‘悯忠寺’”(元·支渭兴《悯忠寺记》),明初建聚远、旷怡诸楼,“滇南之景,一览俱在”,“为游观之所”(《景泰云南图经》),自然景观存在已久,但它的美为人们发现和欣赏并加以建设，与文化水平的提高有密切的关系。

清末至民国年间，云南大批青年出国留学归来，在园林建设中吸收国外园林的一些特点，加以运用。一方面改建了一批公园，如金碧公园（现昆华医院一带），在原傅宗龙故宅的基础上，于宣统二年（1910年）建城南公园，入民国后，改建为金碧公园，除花木亭榭外，有工艺、矿产、农林诸陈列馆，并塑辛亥革命先驱杨振鸿铜像于园内，有较强的科学、民主的特点。此外还改建了翠湖、大观、圆通、云瑞、古幢等公园。另一方面，兴建了一批私人花园。如市政公所督办张维翰的“螺翠山庄”，在螺峰山（圆通山）西畔，有松径柴扉，石洞竹山、假山池沼、花木草池，“有华式之庐，有西式之楼，有日式之亭，各具佳趣”，1936年曾在其中举行“丙子重阳登高诗会”，高朋云集，一时称盛。又如督军参谋长庾恩旸的“庾园”，在城南盐店街，内有池沼假山、亭阁坊塔，绿树扶疏，名花杂莳，楼榭亭台，“形式各殊，位置互异，深得参差错落之致”。此外，白鱼口之垒楼、太华山麓的西园、大观楼附近的别墅群，多具中西合璧的风格。

中华人民共和国成立后，公园先后属市文教局、文化局、建设局管理。1958 年 12 月成立市园林局，公园名胜归其管理，对公园名胜积极进行维修培补。由于种种原因，先后有云瑞、古幢等公园，铁峰庵等名胜被占用或坍塌。六七十年代在“文化大革命”期间，园林损毁多于建设，尤以寺观园林为甚。

1978 年以来，随着思想上的拨乱反正，经济建设的全面展开，社会安定，经济繁荣，民族文化的复兴，旅游事业的兴起，园林建设亦蓬勃展开。原有名胜园林得到修葺、扩建，突出其特色。如金殿，新建了 500 亩植物园，种植山茶、杜鹃等名花，每年举办花卉展。黑龙潭，原有唐梅、宋柏、明茶等名木古树，1991—1993 年兴建梅园，427 亩的面积上种植梅花 110 多个品种 2000 多棵，梅桩 1000 余盆。“龙泉探梅”成为昆明一景。郑和公园、昙华寺、大观楼等公园根据各自实际作了不同程度的拓展。同时，随着社会经济的发展，兴建了海埂民族村及世界园艺博览园等新时代园林，开辟了宜良九乡溶洞、禄劝轿子雪山等风景区。其中以“人与自然，迈向21世纪”为主题的世界园艺博览园室外展区，浓缩了我国32个省、自治区、市和香港、澳门特别行政区，五大洲的35个国家和国际组织各具特点的园林；有竹、蔬菜瓜果、药草、茶、树木、盆景等专题园；室内展馆有中国馆、国际馆、大温室、人与自然馆、科技馆等，以图片、实物、影视展示各省、各国独特的自然和人文景观，陈列国内外在自然环境的保护、资源的开发利用方面的成果。在园林的布局上，山、林、水及建筑有机交融；国内植物的种植，数量多，质量高，显示了云南及全国植物的丰富性和多样性；有植物2000多种，乔木6万多株，灌木32万株，包括珙桐、红豆杉等31种国家一级保护树种，在种植、栽培上有较高的科技含量。世博园虽为1999年在昆明召开的世界园艺博览会而建，但其中的大部分内容有长期保存价值和观赏价值，世博会后，以展示花卉、园林园艺精品和具有丰富内涵的文化景观为主要特色，成为云南精品旅游区之一。位于昆明海埂的云南民族村，以弘扬民族文化、促进民族团结为宗旨，展示云南25种少数民族的风情。1991—1999年陆续建成傣、白、彝、纳西、佤、布朗、拉祜、哈尼、藏、基诺、德昂、景颇等民族村寨。各民族的民居、民族标志物（白塔、神柱、三塔、三朵……）、民族工艺、歌舞等等，得到鲜活的表现。它成为一个展示瑰丽多姿的云南民族文化的窗口、重大节日国内外宾朋欢聚之地。世博园与民族村顺利建成，标志着云南园林建设的新水平。

三

昆明的风景名胜，多依托于有独特美感的自然景观，间以少量的人工建筑；区域广阔，山雄水秀，古木苍劲，奇石林立，百花斗艳。如云贵高原上的明珠滇池，水面约 300 平方公里，既有大海的气势，又有湖泊的秀姿，其北侧太华山拔地而起，特立云际，山峦蜿蜒起伏，形成线条优美的睡美人独特风姿。沿岸数十处名胜古迹，犹如一串珍珠，每一粒都有其独特的光彩，都显示着滇文化的悠远和深邃。路南石林，喀斯特地貌发育典型。石峰攒聚，如剑戟排空，莽莽苍苍，俨然一片林海，蔚为壮观，加之山泉汇聚，形成明镜般的长湖；飞瀑直泻，形成三叠瀑布奇观；水滴溶蚀，形成幽奥溶洞。世居这里的彝族人民的民居、阿诗玛等传说、热烈欢快的大三弦等音乐舞蹈、火把节等民族节日，使石林成了世人为之向往的“天下奇观”。昆明城中的翠湖，原是滇池的一个港湾，湖水下降，遂独立成景，每年冬天都有成千上万只从西伯利亚飞来的海鸥翩然至此，直到次年阳春三月，才陆续依依北返。昆明人民年年扶老携幼，赏鸥喂鸥，护鸥爱鸥，与海鸥亲密相伴。每当日出雾散，成群海鸥来湖畔水边盘旋嬉戏，从水中、池边、船板上，从喂食者手中争相啄食，清脆的鸟声与人们的欢笑声回荡在昆明上空。“翠湖嬉鸥”，成为昆明一道鲜活亮丽的风景线。宜良九乡溶洞，规模大，数量多，各类石钟乳琳琅满目；暗河潜流，有瀑有峡，洞穴中新旧石器时代的古人类遗址、崖画，成为游览及考察的重要景区。

园林是一种综合艺术，是立体的诗画，它有继承，有发展，有独创。昆明各族人民悠久的历史文化，在各名胜园林中，都有不同程度的积淀。文化的多元性丰富性，使海埂民族村呈现一村一境界，建筑、民俗、歌舞，风格迥异，色彩斑斓，令人应接不暇。仅“塔”这一种佛教建筑形式，昆明就有类似西安大雁塔小雁塔的、建于唐代的东西寺密檐塔，是中原传入的大乘佛教的建筑风格；有状如西双版纳曼飞龙塔的海埂民族村白塔；原白塔路上的白塔，现存的官渡妙湛寺金刚宝塔，依佛教的五佛五部而建，主塔须弥座上雕有五佛坐骑狮、象、马、孔雀、迦楼罗等动物。雄浑的主塔四角有四座藏式瓶状小塔；塔座下砌成券洞，四面可通，人从下过往，即示顶礼膜拜，其风格，与北京西山碧云寺密宗佛塔相近。昆明拓东路的地藏寺石幢，为宋代大理国时期所建的“尊胜宝幢”，塔形，七层，第一层各天王雕像之间刻梵文《陀罗尼经》、《造幢记》。整个宝幢雕刻神佛 200 余尊，其工艺之精湛，形象之生动，“世人咸为惊异”，亦属密宗佛教的典型艺术。昆明西山（太华山），不仅有建于宋、元、明、清的古典建筑，如先后历时 72 年用人工一锤一凿开辟出来的罗汉崖栈道及龙门，而且还有聂耳墓，杨升庵祠，徐霞客纪念馆，上千副历代文化名人的碑刻、诗词、楹联、游记，与山水互相融汇，增添了名胜的内涵。欣赏风景如观画，游览名胜如读史。清代乾隆年间昆明寒士孙髯所作的大观楼

180 字长联，上联写滇池四周风光，巧妙地将传说和景物结合，以动写静，显得神奇富丽，生机勃勃，有声有色；下联回溯云南历史，对显赫一时的封建帝王活动进行了否定，预示了它的没落，批判锋芒，力透纸背。一纵一横囊括了广阔的时间与空间，显得大气磅礴，气势恢宏。此联在结构上亦匠心独运：典故为对，生动切贴；上联喜，下联悲；上联暖，下联冷；上联绚丽多姿，下联凄清昏暗，两种感情色彩的对比，强化了表达效果。为表达深广的社会内容，作者吸收了古典诗词骈文的优点，大胆突破对联短小的陈规，自创长联一格。这种勇于自辟蹊径的独创性，使得此长联在中国对联的发展史上闪耀着夺目的光彩，占据着重要的地位。陈毅称“迄今长联是预言”。毛泽东认为此长联“从古未有，别具一格”。自孙髯长联一出，大观楼名播四海，跻身于中国名楼之列，且有后来居上之势。联因楼而生，楼因联而名。文化与园林之关系竟如此之密切。

由于昆明民族众多，民风各异，各公园名胜常有民俗活动及民族节日，如西山的三月三歌会，民族村的傣族泼水节，彝族等民族的火把节，白族三月街，纳西族的三多节等，几乎每月都在过节。公园还组织大型灯展、花展、书画展、摄影展、歌舞表演等。观赏园林名胜，体验民风民俗，令人感受到云南民族文化的独特与深厚。

园林是各民族智慧的结晶，是文化与科学技术的结合体，从设计规划、建筑营造、色彩的运用、人物形象的塑造，到植物栽培、环境美化，都需要运智运慧。园林具有时代特点，又有地方民族的印记，灌注着各民族人民的审美理想，体现着一定的科技水平。随着民族文化意识的觉醒，园林的地方民族特点逐步浓厚，如筇竹寺内的五百罗汉，是一个世界性的宗教题材，在我国成都宝光寺、武汉归元寺、北京京郊碧云寺、苏州西园都有，各有精彩之作。但论地方特点和生活气息的浓郁，艺术造诣的高超，世人多以昆明筇竹寺罗汉为好，被誉"东方雕塑宝库中的明珠"。作者黎广修和他的助手，先在成都宝光寺参与塑像，并取得成功。应聘到筇竹寺后并不满足原有的水平，而是精益求精，刻意追求。他们本身来自生活底层，胸中贮藏着不少生活形象，在雕塑中不断利用茶馆、集市捕捉具有典型特征的人物形象，并熔铸于其中，既参考罗汉图谱，更调动生活的积累来塑像。因此，他手下的罗汉多带有社会各个阶层尤其是山野农民的风貌，神态逼真，不落俗套，富于生活情趣。在罗汉的布局上有个雕、长形组雕、圆圈形组雕；在手法上采用镂空、圆雕等多种手法，对人体和环境、器物的关系，衣饰、裙带的折叠扭转，内外穿插，颇为精细。尤对人物的表情，神采及皮肤的质感，着意加以表现，色彩谐调，清新不俗，衣饰熨帖自如，显示了高超的工艺水平。又如昆明城中矗立的金马、碧鸡二坊，是滇文化的标志物。金马碧鸡的传说植根于云南特定的自然环境和民族心理、民族风习，带有鲜明的地方民族文化的原创性而自立于中华民族文化之林。金马碧鸡从汉代见于记录以来，渐为包括汉民族在内的多民族所接受和认同。那昂首奔腾的金马，似云南人民奋进不息的品格写照；那五彩缤纷、歌喉婉转的碧鸡，似能给人们带来欢乐吉祥，反映了云南人民渴望获得美好生活的愿望。金马碧鸡所象征的这种民族精神，早已融汇到各族人民的思想性格中，它超越了某一民族，而成为各民族人民共同的精神财富。为了表示对金马碧鸡的崇敬，云南各地在唐代就建过许多寺、庙；明代于昆明城南建高大挺拔的木构牌坊，双翼呈腾空之状，涂金饰彩，金碧辉煌。金马、碧鸡二匾，笔力遒劲，气魄宏大。金马碧鸡二坊与北面为纪念赛典赤而立的忠爱坊，在市区呈品字形耸立，神话传说中的金马碧鸡，竟然与赫赫朝廷封疆大吏并驾齐驱，形成昆明特有的人文景观。民间还传说：二坊构思奇巧，在特定的年份、季节的某一天，当红日西坠而未坠，明月已爬上东山，日光从西面照射，月光从东面辉映，两坊倒影渐次移动，最后互相交接，形成“金碧交辉”的奇观。其间所体现的天文学、建筑学、数学等方面的智慧值得探究。再如世博园中的大温室，荟萃了寒、温、热三带的植物1400多种，并营造寒、温、热三带的气候、生态环境，使各类植物健康成长。高透明的保温型玻璃板材与钢结构相结合，使室内显得空旷明亮，室内五色交辉，叶碧花艳，既表现大自然的丰富多彩，又展示了人对自然规律的掌握和运用。这些例子足以说明，云南虽僻处一隅，但在园林古建的建设上却有较高的科技水平。

四

古代的滇池地区，气候湿润、林木繁茂，众多的动植物在这里繁衍。晋宁石寨山出土的战国至西汉的青铜器上有虎、豹、鹿、野牛、孔雀、鹭等众多的动物形象。《后汉书·西南夷列传》载：益州郡“河土平敞，多出鹦鹉、孔雀，有盐池田渔之饶，金银畜产之富”。《新唐书·两爨蛮传》称昆川、安宁一带“土多骏马、犀、象”。南诏王君臣星回节在鄯阐（今昆明）狩猎，捕获动物有虎、野马等。唐代后期樊绰的《云南志》卷二中说：“碧鸡山在昆池西岸上，……山势特秀，池水清澹。”宋代，大理国首领段素兴在位期间（1041—1043年），曾在昆明筑春登（金汁河）云津（盘龙江）二堤，分种黄白花于其上（据说，黄者为迎春柳，白者为素馨花），形成一道独特的风景线。这是昆明在较大范围内培植花木的早期记录。

元代，昆明成为云南省会，明代通过军屯、民屯，内地人大规模进入昆明，人口剧增。元明两代不断疏浚海口，滇池水位不断下降。元初忽必烈部将兀良合台进军昆明时，看到的是“城际滇池，三面皆水，既险且坚”(《元史·兀良合台传》)。昆明人王升在《滇池赋》中所写，今巡津街一带是当时滇池岸边繁华的码头：“千艘蚁聚于云津，万舶蜂屯于城垠，致川陆之百物，富昆明之众民。”昆明的碧鸡山是“清风响松涛，老树森毛戟”(郑衍：《碧鸡山》)。到了明末，徐霞客游昆明西山时，昆明西郊，由于滇池水位下降，已成为芦苇荡：“萑苇满泽，舟行深绿间，不复知为滇池巨流，是为草海。”(徐霞客：《游太华山记》)而现在的大观楼一带，逐渐露出水面，成为明代沐氏训练水师时的休息之地。滇池水面缩小，蓄水量减少，对昆明温湿的气候条件以及水生物产生了很大的影响。同时，大规模地进行军屯，在昆明的驻军有左卫、右卫、中卫、前卫、后卫，加安宁、宜良、杨林守御千户所，常住士兵及家属在六万左右(参见刘文征：《滇志·兵食志》)，他们垦荒、建房、燃料，均需要砍伐树木，使昆明地区的原始森林逐渐减少，次生林与人工林逐渐增多，但植被仍较好，“五华鹰绕”、“圆通蝶会”、“商山樵唱”曾为人们引为美谈。仅以“圆通蝶会”来说，“十数年间辄有蛱蝶数万飞集树间，大小联缀，五色迷目，宛然摛锦布绣也。每来必数月乃去，观者如堵，了不畏人，试惊之，散而复聚”（《赓缦堂全集》）。蝴蝶会的形成，与当时圆通山林木繁密，周围有面积广阔的花草树木水面、温湿的气候条件有关，与当时大气无污染、生态能保持平衡有关。

清代中叶以来，尤其是近百年来，战乱较为频繁，如清代后期的“乱世十八年”，民国抗日战争期间，几十万军队进驻或途经昆明，不少内地单位为避难迁至昆明；人口逐渐密集、工业日渐发达，木材需求及消耗量大。据研究，1911 年昆明人口约为 10 万人；1949 年约为 31 万人；1992 年，昆明五华、盘龙、官渡、西山四区人口为 157.7 万，全市总人口为 367.6 万人，较之 1949 年增加了十倍。在相当长的时间内，建房、柴薪、砖瓦窑、烤烟、丧葬都需要木材，而不少时候对山林又疏于管理，民国时期、“大跃进”时期、“文化大革命”时期的乱砍滥伐，加上火灾、虫灾，使昆明地区的原始森林几乎砍伐殆尽，只有部分风景林地或部分边远山区林地得以幸存，动物、鸟类品种大为减少。滇池亦经历 1970 年的“围海造田”，使湖面进一步缩小；四周厂矿及城市污水浸染，水质逐渐变差，滇池鱼产量减少，水生物资源严重萎缩。

近20年来，随着实事求是的思想路线的恢复，改革开放的深入，昆明市人民逐渐认识到，人与自然必须和谐发展，水体和森林是城市持续发展的重要基础条件。政府多次制定修改昆明城市总体规划，力求做到经济建设、城市建设、环境建设三者同步规划、同步实施、同步发展。相继制定了《滇池保护条例》、《昆明市城镇绿化条例》、《路南石林风景名胜区保护条例》等行政法规，使城市建设、城镇绿化有法可依，把保护滇池水系的生态环境作为全市环境保护的中心，明确滇池流域环境治理的重点是“两面、两片、两线”，即城区和松华坝水源保护区两个面，西郊工业区和螳螂川工业区两个片，盘龙江、金汁河中游沿岸两条线。经过一系列的努力，滇池水质继续恶化的态势有所控制。

同时，广泛开展植树造林活动，通过集体造林、个人造林、飞机播种造林、栽种经济林木等形式，恢复林地；加强森林保护，制止乱砍滥伐；防止火灾与病虫害等，使林地面积有所回升，1988年，昆明全市森林覆盖率达 22.7%。在此期间，昆明的城镇绿化工作，有较大的发展，特别是近几年以来，发展较为迅速，园林部门抓住昆明园林花卉、历史文化及民族风情三大特色建园，把自然景观与人文景观有机地结合起来。1996 年以来，全市为了迎接世界园艺博览会在昆明举办，省市区政府加大了对城市园林绿化事业的投入，同时在城市总体规划中增加了绿化用地面积，对全市园林绿化及生态环境进行了全方位、大规模的整治。省、市政府投入大量资金对全市绿化、风景名胜进行了改造、恢复，重建了昆明的象征——金马坊、碧鸡坊等历史遗迹，新辟了模拟动物栖息自然生态环境的孔雀园。

城市绿化也随着城市的扩建、改造而加强，主要的街道、广场、沿河绿化工程已形成规模。春城路、金碧路、人民中路、白云路等 40 条干道的绿化，金碧广场、胜利广场、五华山广场、三市广场的兴建，盘龙江、大观河景观绿化带的扩建，使昆明市区的绿化无论是在数量上还是档次上都有了非常显著的提高。至 1999 年 12 月，昆明市建成区面积 140.46 平方公里，人口 135.05 万，绿地面积 4051.44 公顷，绿化覆盖面积 4221.92 公顷，公共绿地 946 公顷，专用绿地 1647.52 公顷（其中单位附属绿地 1495.79 公顷，居住区绿地 151.73 公顷），生产绿地 150.82 公顷，道路绿地 89.17 公顷，风景林地 1217.92 公顷，绿地率 28.84%，绿化覆盖率 30.06%，人均公共绿地 7 平方米。城区范围公园（除动物园）绿化面积占陆地总面积 70% 以上，一、二级街道绿化普及率达到 100%。1988 年以来，昆明市园林局先后与澳大利亚瓦加瓦加市、瑞士苏黎世、日本富山县友好协作，兴建了“中国茶花园”、“中国园”、“石林景观园”，增进了昆明市与国外友好城市的交往。

1999 年 10 月，昆明市被评选为全国园林绿化先进城市。

昆明城市园林绿化虽然取得了较大的成绩，但距国家园林城市标准还有很大差距，园林绿化存在的主要问题一是绿地率和绿化覆盖率偏低。国家园林城市要求绿地率为 30%，绿化覆盖率为 35%，两项指标昆明市均未达到。绿地分布不均，尤其是二环路以内绿地不足的矛盾依然突出，主要反映在绿地总量未达标，大树少，绿色丰富度不足，大环境差，城市防护林带和成片树林极少，不利于城市绿色生态格局的形成。二是绿地系统不完善。全市点、线、面、圈相结合，城乡一体化的绿地系统还不完善，绿化空间布局上，绿地分布不够均衡合理，各类绿地之间缺乏有机联系，未形成完整的绿化体系。三是绿化特色不显著。城市园林绿化树种不丰富，物种多样性特色不突出，苗木基地建设滞后，苗圃基础设施薄弱，苗木自给率低。四是综合整治任务艰巨。城市市政、交通等基础设施还需不断改善，大环境的治理及市容市貌的整治任务还十分艰巨。五是运行管理机制不健全。现有绿化法规不配套，执法不严，道路绿线的管理控制不严，绿化管理水平和绿化、美化艺术水平还待进一步完善和提高。六是创建工作难度大。资金、土地仍然是困扰创园林城市的主要矛盾，在实施保障措施方面，绿地可建设空间严重不足，建设难度大，作为绿地系统保障体系的生产绿地严重短缺，用于城市绿化建设的资金投入量增大。

1999 年 12 月，世博会刚刚结束，昆明市领导作出决议，要乘世博会东风，再接再厉把昆明建设成为国家级园林城市，即把城市中的园林发展为园林中的城市。

这一决定受到了全市人民的肯定和拥护。目前，在市委、市政府的领导下，昆明正制定新的奋斗目标和实施方案，重新调整绿地系统规划，广泛动员全市人民积极参与创建国家园林城市活动，争取实现下列目标。

关于城市绿地，昆明将建立石林、掌鸠河水源林、磨南德水源林等四个自然保护区，构建城市外围绿色生态防护圈，盘龙江城市绿化景观轴，一环路和二环路绿化带，各街道广场的绿化、美化。

在园林及历史文化名城保护建设方面，昆明将重点保护以西山森林公园、大观公园为重点的西片，以昆阳郑和公园、海口石城公园等为重点的南片，以金殿、黑龙潭、筇竹寺为重点的北片。近期，昆明的重点保护建设工程是真庆文化广场、东西寺塔文化步行街、文明街传统风貌区、官渡古镇保护恢复及金刚塔的修缮。

在滇池治理与生态建设方面，昆明将在滇池盆地1000余平方公里范围内，按“4∶3∶3”比例严格控制用地，即40%生态绿地和农田，30%滇池水面，30%建设发展用地。对松华坝流域农村面污染进行整治，城市下游9条河实现清污分流。加强环境控制的重要基础设施，建立环境管理决策支持系统。

通过以上工程的实施，昆明的绿化面积将大为增加，城市生态环境不断改善，昆明将成为历史文化名城与园林景观交融，四季常绿花不谢、五彩缤纷春常驻的园林城市，向国际知名绿色城市大步迈进。

（人口数据来自《2000年昆明市第五次人口普查主要数据公报（第一号）》。）

土司文化的再评价
——以云南明清时期的土司为例

土司文化，主要指制度文化、物质文化、精神文化。

提及土司制度，有人往往称之为“落后腐朽”；涉及土司辖地，往往说成“独立王国”；提及土司人物，则往往称之为“反动愚昧”。有人无视土司在团结民众、维护祖国的领土完整，发展当地经济文化上的贡献，将土司说成一无是处。甚至编造一些故事，将土司描绘成可笑的人物。这种片面、漫画式的处理与历史真实相去甚远，有必要加以重新研究，并给予适当的评价。

一

中国是一个多民族的国家。民族政策始终是历代王朝的基本国策之一。

土司制度，形成于元，盛于明，延续于清乃至民国。它是元代中央王朝的决策者为稳定边疆民族地区，施行有效管理，吸取了汉唐以来的中央王朝的“胡汉分治”和对周边民族的羁縻政策，加以发展完善而提出来的，其主要精神是在少数民族较多的省份如云南、贵州、四川、广西、广东、湖南、湖北、甘肃、青海、西藏等十来个省，委派有一定影响和能力的土著领袖管理当地。分军、政两个系统：军事系统有宣慰使、宣抚使、千户、百户等，称之为土司；政府系统有府、州、县等，称之为土官。有时二者兼而有之，称“军民府”，后来，一般合称土司。据有关统计，元明清先后设土司 2569 家，云南省 587 家。云南除滇中部分州县外，大部分州县均设有不同级别的土官。在今天的西双版纳州、德宏州曾设宣慰使，在今天的临沧、巍山、建水、文山、武定、昭通、丽江等地曾设土知府、土知州。这些土司，在政治上由中央王朝任命、考核，承袭须报省内布政司、都指挥使司、按察司等签署意见，上报中央兵部、吏部审核，再由皇帝颁发委任书。在经济上，要向中央王朝交纳春粮、秋粮及矿产（如盐、铁）等税，特殊情况还要捐款；在军事上，要服从中央王朝及各省都指挥司总兵官的调遣，遇有战事，调派各地土兵参加。因此，土司是中央王朝委任的中下级官员，他们是中央王朝军政系统的有机组成部分，而不是什么“土皇帝”，土司辖地属中央王朝，是中国领土的一部分，而不是“独立王国”。由于土司世代生活在当地的民族中，在语言文化、风俗习惯、民族心理上多与当地百姓相通；他们通过朝贡、述职等活动，多次到省里乃至京城，见识较广，通过各种途径接受汉文化，乃至其他民族的文化甚多，有较高的文化修养，知识较为丰富，因而在本民族、本地区有较高的威望。他们在传达贯彻中央王朝的意旨，组织本地群众发展经济文化、巩固边防等方面起到了汉族官员所不能起的作用。

土司制度给各少数民族较大的自治空间。对内，土司们借助中央王朝给予的权力，逐步整合内部各部族、部落、村寨，协调内部关系，减少摩擦，逐步形成合力，有利于本民族的发展。由于有较大的自治权，土官们就有发挥聪明才智的舞台，各地土司建立了自己的行政、军事、司法管理系统，以及成文不成文的民族法规，如西双版纳和德宏的傣族土司有书面法规，有习惯法，包括了刑事、民事、风俗习惯和维持封建秩序的各种法令。土司们从实际出发，发展当地的生产、文化。有的土司实力较强，下属百姓生产技术和文化水平较高，周围民族时有仿效学习，在物资交换、宗教信仰等诸多方面与之来往密切，由此形成某一区域的文化圈。这有利于边疆的安定、民族的团结、边防的巩固。

由于土司基本上是世袭制，有的土司家族承袭数十代，长达数百年，影响一方土地和人民，因而土司家族执政的历史，往往与当地的民族历史息息相关。去掉土司，只讲“奴隶创造历史”，会失诸片面。研究土司的历史文化，有助于人们全面认识民族地方文化。

值得珍视的是，土司们在长期与汉民族及其他民族交往中，对其加深了了解，增强了彼此的感情；他们在地方上的作为不断受到中央王朝的嘉奖鼓励。这些鼓励又提高了他们在本民族本地区的威望。长期正反两方面的经验教训，培养了他们忠君爱国的价值取向，使他们懂得了整个中华民族的发展与各民族的进步繁荣息息相关，各民族和谐相处，社会才能安定。这种精神也深深地影响了当地的百姓，尤其是国土遭到入侵者掠夺的时候，各族人民都会团结并肩奋起抵抗，爱国主义的火花更加灿烂。这种价值取向，对中央的向心力，至今仍值得继承和发扬。

土司制度在历史上所起的作用说明：在中央一统的王朝内，实行多种管理制度，在特定的时期是符合国情民情，有利于多元一体国家的建设的。要相信各民族有智慧、有能力管理本民族、建设好本地区，对土司制度应给予适当的历史地位。其弊端主要是：家庭世袭，妨碍了从更广泛的民众中选拔优秀人才；国家不给土司发俸禄，而是从其治理下的民众中取得赋税，维持官僚机构的运转，因而人民遭受双重剥削，既要承担中央的赋税，又要承担土司的费用，不堪重负。与流官相比，土司的文化素质较低。流官通过科举制度选拔，文化层次较高；土官有的进过学堂，有的自学，也有的无文化，整体文化水平偏低。世袭与剥削为土司制度的两大弊端。因此，改土归流，也是历史的必然。

二

云南土司们管辖的地域较为宽广，其境内有高山、大河、湖泊、山区、半山区、平坝，气候带兼热、温、寒，森林覆盖率高，动植物种类繁多，金属矿产蕴藏量丰富；国境线长约四千多公里，口岸众多，与国外多有商贸往来。云南的许多名、特、优产品出自土司辖区，如普洱茶（主产于西双版纳）、开化三七（主产于文山州）、腾越玉、丽江马、大理石、东川铜、遮放米（主产区在德宏州潞西县）等等。

各地土司衙署及居所，建筑逐层递进，宽广深邃；匾联书画，彰显雄镇一方的威严，屋内陈设聚区域珍品；房屋结构及装饰，带有浓厚的家族、民族特点；今天多列为各级文物保护单位，成为当地的重要文化旅游资源，如建水彝族纳楼回新土司衙署，梁河南甸傣族宣抚司衙署，丽江纳西族木氏土知府衙署，姚安路军民总管府署，六库土千总衙署，蒗蕖知州阿氏土司署等等。同时，土司们主持兴建的桥梁、道路、水利设施等数量也不少。

土司们多讲究吃，餐饮文化多有特色，就餐的环境，或在水塘边，或在竹楼上，或在大树下，或在客厅里；饮酒名品众多，酿造的原料及方法各不相同；菜肴花色味道各呈其妙，各类野菜、花卉、家畜、野禽，经过精心加工烹调，往往成为脍炙人口的名菜。这些名酒名菜的加工制作，从上层流向民间，成为某一民族或某一地区著名的菜肴、饮品。各民族各地区之间相互交流，彼此吸纳，饮食更加丰富。明末，徐霞客到丽江，木氏土司设宴招待："大肴八十品，罗列甚遥，不能辨其孰为异味也。"木氏土司赠他"酥饼油线（细若发丝，中缠松子肉为片，甚松脆）、发糖（白糖为丝，细过于发，千丝万缕，合揉为一，以细面拌之，食而不腻）诸奇点"。其后又以"柔猪、牦牛舌"等名菜招待，"柔猪乃五六斤小猪，以米饭喂成者，其骨俱柔脆，全体炙之，乃切片以食。牦牛舌似猪舌而大，甘脆有异味"[1]。另二位中央王朝的官员钱古训、李思聪，于明洪武二十九年（1396年）到今云南德宏傣族景颇族自治州一带处理边务，写下《百夷传》一书呈献朝廷，其中对当地上层的饮宴

[1] 见《徐霞客游记》卷七（下）。

记述为:“宴会则贵人上座,其次列座其下,以逮至贱。先以沽茶及蒌叶、槟榔啖之。(自注:沽茶者,山中茶叶,春夏间采煮之,实于竹筒内,封以竹箬,过一二岁取食之,味极佳,然不可以用水煎饮。)次具饭,次进酒馔,俱用冷而无热。每客必一仆持水瓶侧跪,俟漱口盥手而后食。食毕亦如之,而后起。客十则十人各行一客。酒或以杯,或用筒。(自注:筒以蕨楷,或用鹅翎管连贯,各长丈余,漆之而饰以金,假若一酿酒,则渍以水一满瓮,插筒于中,立标以验其盏数,人各以次举筒咂之。咂酒一盏,仍渍水一盏,传之次客。味甚佳。至淡,水方止。俗呼为咂酒。)酒与食物必祭而后食。食不用箸。酒初行,一人大噪,众皆和之,如此者三,乃举乐。”其乐又分“大百夷乐”、“缅乐”、“车里(今西双版纳)乐”等等。由此记载,既可略知其等级观念、待客礼仪、饮食文化,又可窥见其独特茶叶加工及酿酒、饮酒方式。[1]今天,各地纷纷开发土司餐饮中的特色菜谱、别具一格的宴会礼仪,以丰富人民生活,招待四方宾客,满足众多旅游者的需要。

[1] 见江应梁:《百夷传校注》,云南人民出版社,1980 年,第 71—77 页。

土司们也讲究穿。土司及其家属，特别是女眷们的衣着，无论质地是棉、麻、丝、毛、皮、火草，都经过精纺细织，用心剪裁，仔细调配色彩，缝工细密；雕花绣朵，鲜活可爱；各类装饰，颇有文化色彩。有的服装，一经着体，光鲜倍增，在节日或重要场合穿着，往往为众人瞩目，群起模仿，渐衍渐广，成为某一民族或某一地区的礼服。

由于云南25种少数民族在寒温热三带均有分布，在高寒山区的民族服装多厚重宽大，毛皮制品多，如藏族、凉山彝族；热带地区的民族服饰多轻薄短小，麻、棉、丝制品多，如傣族、布朗族等；内地温带的民族服饰多轻便实用，麻、棉、毛兼用，如白族、回族等。加之春、夏、秋、冬服饰有别，男女老幼着装不同；休闲、劳动、交往、节日服饰也不一样；各民族审美情趣不一，对色彩的喜好不同，有的尚白，有的尚黑，有的红黑相间，有的银白与黑色对比强烈，或以某种颜色为基调，或色彩斑斓，鲜艳热烈，或素雅庄重，明快和谐；有的刺绣图案中寄深意，有的于装饰中含祝福，有的图案从地方风物中显特色，有的图案折射出民族历史的踪迹。如今，这些土司头人的服饰，幸存的原装，多已进入国内外的博物馆作为珍藏，仿制品或加以改良后的服装样式，则作为民族服饰穿着在各族百姓身上，成为节日、歌舞、婚庆的盛装，或作为有文化特色的旅游产品，销往国内外。

为满足各地土司的需求，包括向各级官员馈赠、向朝廷进贡的需要，土司们在其辖区内兴建精制茶、糖、酒，衣、鞋、帽及饰品的作坊；发展竹编、木雕、漆器、金银器、铁器、石刻、玉石加工等等工艺。这些工艺精湛，各具魅力的产品，有的为土司们所享用，有的上贡朝廷，成为一方特产。虽然通过土司送出去，却凝聚着人民的智慧和汗水，是民族物质文化的精华和代表。如西双版纳宣慰使属地产的茶。明隆庆六年（1572年），宣慰使夫人回缅甸王宫省亲时，带的众多礼物中，就有“茶四筒，每筒五团”[1]。至明万历年间云南“土庶所用，皆普茶也，蒸而成团”[2]。此时已用“普茶”即“普洱茶”之名，制茶之法“蒸而成团”，与明初钱古训等所品尝的“沽茶”（煮后“实于竹筒之内，封以竹箬，过一二岁取食

[1]《云南史料丛刊》卷五，第582页，“泐史·二十一刀应猛”条。

[2] 谢肇淛:《滇略》卷三。

之”）制作方法不同。至清初，普洱茶已作为贡品呈献给皇帝，据阮福在清道光十年间所录，“每年备贡者五斤重团茶，三斤重团茶，一斤重团茶，四两重团茶，一两五钱重团茶，又瓶盛芽茶、蕊茶，匣盛茶膏共八色”。“茶产六山（依邦、架布、嶍崆、蛮砖、革登、易武）……于二月间采蕊极细而白，谓之白毛尖，以作贡。贡后方许民间贩卖。”[1]由于普洱茶贡茶的品质好，花色多，受到帝王、皇族、大臣的喜爱。有时，作为礼品由皇帝转送外国使者。如公元 1792 年，乾隆八十大寿，英国使者前来祝寿，在回赠其礼品中，就有普洱茶及茶膏。[2]滇茶在邻省也受重视，僧侣将它作为礼品，敬献给西藏拉萨布达拉宫主持活佛。如 1684 年（康熙二十三年），四川木里候袭大喇嘛勒喜降村于十月十一日到达拉萨，向五世达赖献礼，其中有“滇茶”；1690 年（康熙二十九年），六月初四，木里活佛朝大昭寺，初五进见第斯·桑结嘉措（达赖的总管），礼品中有“滇茶四驮”，

[1] 阮福：《普洱茶记》。

[2]《中国普洱茶》，第 38 页。

于达赖座前献“滇茶六驮”[1]。出缅甸，入藏宫，上朝廷，使普洱茶声誉渐高，销路大增，为车里宣慰司增加了税收，成为当地的重要财政收入。这是百姓们创造的财富，也是车里土司们治理地方发展经济的实绩。

三

与制度文化、物质文化相较，在精神文化上的创造，成果多，影响广。明初，中央王朝为了巩固政权，在云南实行屯垦制度，主要是军屯，其次是民屯、商屯，大量内地人口进入云南，使云南逐步形成了以汉民族为主体、多民族共居的结构，各府、州相继开设儒学教育，一些少数民族土司头人的子女得以入学，有的还被送入北京国子监学习，国家发给衣钞鞋袜。各地土司及继承人、管家，每三五年要进京朝觐、述职、要求承袭等，往来经内地城镇多，亲见国土的辽阔、特产的丰富、礼仪之文明、文化之发达、建筑之宏伟，耳濡目染，铭记于心。以儒家思想为核心的观念，以春节、中秋为代表

[1] 鲁绒格丁等译:《木里政教史》，四川民族出版社，1993年，第32—35页。

的节日，内地的各种礼仪习惯，逐渐为各民族不同程度地接受，使各地民风发生了变化。史载，明代天启年间，云南府“民遵礼教，畏法度，士大夫多才能，尚节义，彬彬文献，与中州埒”；大理府“俗本于汉，民多士类，书有晋人笔意”；临安府“士秀而文，崇尚气节，民专稼穑。衣冠礼度，与中州埒”；永昌府“衣冠礼仪，悉效中土，士知向学，科举相似”。一些民族聚居区，也有改变，如景东府“昔惟缅字，今渐习书史。民风地宜，日改而月化”[1]。有的土司广购图书，以教子孙，例如明末元江彝族土知府那嵩“尝筑楼，藏书数万卷其中，与丽江木氏、顺宁猛氏书楼鼎立天南，为滇中士大夫所艳称”[2]。顺宁（今凤庆）土司猛氏为傣族，丽江木氏为纳西族。同时姚安府土同知高氏“藏古今书籍于拂雪岩，编为十号，每号千数百卷，三姚缙绅，蓄书之家，莫与为比”[3]。

各地土司积极学习汉文化，并尝试用汉文进行写

[1] 刘文征：天启《滇志·地理志之三·风俗》。

[2] 刘达武：《那烈愍忠公墓表》，见《滇南碑传集》卷七，开明书店，1939年。

[3]（清）目孟贤：《高雪君先生家传》，民国《姚安县志》卷63。

作，留下了一系列著作，为民族文化增添了新亮点。历代典籍记载甚多。如：

蒙化府（今巍山）土知府左氏，明代中后期数代有文名："左正，字龙图，号三鹤，世袭蒙化府土知府，能文翰，工诗书，有魏晋风，好尚高洁，礼士崇文，与成都杨慎友善，为左氏好文之始。""左文臣，承袭土知府，字黄山，喜晋书，善小楷，通音律，闲礼度，抚彝民不受馈，民甚德之。""左文象，正子，工于诗翰，韵致清逸，不事铅华。"[1]今存左正、左文臣、左文象诗十数首。

宁州（今华宁）世袭土知州禄氏，号竹居，至明末禄厚袭职，厚工书法，能诗画，曾请董其昌题其诗画，被称为有"倪高士之风"，著有《景竹斋躬耕集》。今存诗数首。其子禄洪袭土知州，少承家风，习文练武。崇祯庚午（1630年）奉命率兵前往北京密云，防止"建酋入犯"（即建州满族入关），写下《北征集》，收赋三、记二、诗五十四、题五十九首。陈继儒序称其"气骨沉雄，风华秀整"。

[1] 康熙：《蒙化府志》卷五，人物。

姚安府土同知高氏，至明末高守藩，字向葵，号玉岑，天启二年（1622年）承袭土同知，倾囊贮书，癖于诗酒，著有《龙溪小窗诗集》，后人有“佳句乘龙集，名言仰玉岑”之赞。（崇祯《高氏家谱》）守藩子高耀，号青岳，承袭姚安府土同知，曾续修《高氏族谱》，子高奣映于康熙二年（1663年）承袭姚安府土同知，字雪君，好读书，过目成诵，为一代著名学者，“才高卓识，著书八十一种，为一州著述之冠”，今存《太极明辨》、《金刚慧解》、《增订来氏易注》、《药师经参礼》、《鸡足山志》、《迪孙》、《滇鉴》、《妙香国草》等，涉及哲学、史学、文学等多种学科。此外，地方志还选录了他的部分散文。高奣映孙高厚德，亦有诗传世。

丽江府土知府木氏，传至木泰于弘治元年（1488年）承袭土知府，他“增益文教”，留有《两关使节》等诗。其孙木公，字恕卿，号雪山，又号万松，于嘉靖六年（1527年）袭土知府职，创作了《雪山始音》、《隐园春兴》、《庚子稿》、《万松吟》、《玉湖游录》、《仙楼琼华》等六种诗集，杨升庵从中选出114首，编为《雪山诗选》，并为之序，后收入“云南丛书”。木公长子木高，字守贵，号端峰，又号九江，嘉靖三十年（1551 年）袭土知府职，有诗词、碑刻传世，其中著名的是中甸白水台摩崖题诗及丽江石鼓碑。木高孙木旺万历八年（1580 年）袭土知府，留有《觉显复第塔记》等文。木旺之子木青，字长生，号乔岳，又号松鹤，万历二十四年（1596 年）袭土知府，著有诗集《玉水清音》。朱彝尊《明诗综》、钱谦益《列朝诗集小传》有选诗及评论。木青子木增，字长卿，号华岳，又号生白，于万历二十六年（1598 年）袭土知府，著有《云薖集》、《山中逸趣》、《竹林野韵》、《啸月函空翠居录》以及《云薖淡墨》诸书。有诗、有赋、有词、有文。各集均有名家序跋，评价甚高。入清，木增之孙木靖，字晓苍，号文明，于康熙八年（1669 年）袭土知府职，他“酷嗜诗书，每日沉吟于万卷书楼，披阅父祖世传书稿，刊刻成集，贻留后人”。著有《雪山》等诗，其中“玉垒千年存古雪，金沙万里走波澜”等句，尤为世人传诵。

武定军民府土知府凤氏，明弘治元年（1488 年）袭土知府职的凤英，自题世系摩崖刻石，叙至正二十年（1360 年）至弘治十三年（1500 年）约 140 年间的历代土司承袭及事迹。后继者复于嘉靖癸巳（1533 年）请禄劝知州徐进撰《凤公世系记》亦摩崖刻石。其间凤英孙凤昭当政时，于嘉靖十年（1531 年）请彝族毕摩以彝文撰《罗婺盛世史》，摩崖刻石。彝、汉文本互参，可知凤氏土司的承袭及事迹。

以上所举侧重于明代云南土司的著作。这些土司于民族文字（彝文、傣文、纳西文）典籍及民间文化（民歌、民间故事等，口传文学）之外，能以汉文进行写作，丰富和拓展了民族文化。其中的优秀作品，直接成为中华民族文化的重要组成部分。

宗教信仰，是民族精神文化的重要组成部分，在特定的民族、特定的时期，是民族文化的重心。土司们与各种宗教有着千丝万缕的联系。他们对各地的宗教文化，也有较大的影响。宗教要传播，要得到土司支持；土司要巩固政权、稳定人心，也常借助宗教。如在西双版纳地区南传上座部佛教与土司政权紧密结合的色彩较浓。在车里宣慰使司辖地，召片领（西双版纳最高的封建统治者）本人被称为“至尊佛主”，高级僧侣的任免均须由其批准。全区最大的佛寺即召片领所在地的大佛寺，其主持多由召片领的亲属担任。佛寺亦分等级，其下各级佛寺的主持，也多由同级官员或其代理人担任。由此形成从上到下的严密组织机构。

各地土司由于多种原因，往往捐资兴建寺观，成为大施主。在辖区，由土司倡建的寺观多宏伟壮丽，殿宇宽敞，壁画精美。土司们或于梁柱，或于匾联，或于碑刻上留下建造的人名、时间。如沧源广允缅寺、景洪大佛寺、曼阁佛寺、丽江的白沙宫观建筑群、香格里拉噶丹松赞林寺等。有的还到辖区外捐资建寺。例如滇西佛教名山鸡足山，寺院众多，其中：

迦叶殿　嘉靖壬子（1552 年）僧圆庆募邓川土知州阿子贤建。后寺倾圮，复募阿国祯重修，万历壬子（1612 年）阿岑增修。

大觉寺　万历二年（1574 年）姚安土同知高凤捐金建为云觉寺，李卓吾曾寓其内。万历三十年（1602 年），僧可全募高齐斗扩建，更名大觉寺。

悉檀寺　万历丁巳（1617 年）丽江土知府加布政司参政木增延僧释禅建。天启四年（1624 年）敕颁藏经，赐额“祝国悉檀禅寺”。崇祯己巳（1629 年）建法云阁贮藏经。

传灯寺　正德间僧圆成同北胜土知府高世懋建。铸铜为瓦。

放光寺　募邓川土知州阿尚夔于崇祯戊辰（1628年）重修，以贮藏经。

尊胜塔院　崇祯戊寅（1638年）丽江府土知府应袭木靖同悉檀寺僧道源、道真创建，中立尊胜塔。顺治丙申（1656年）木氏复捐资冶巨钟，重二千余斤。其后木兴等又重建。

净觉庵　万历壬辰（1592年）威远州土州刁虔重建。

慧幢庵　嘉靖间，姚安土同知高齐斗建，万历二十年（1592年），高奣映祖竹轩公置买常住田产，康熙庚午（1690年）高奣映扩建。

白石庵　弘治间僧明正募洱海土县丞杨玉蕴建。

以上俱见高奣映纂修《鸡足山志》卷五“建置”，其所记甚多，无法一一列举。正是由于有四方信徒，包括各地土司的积极参与，至康熙时，鸡足山已有大寺八、小寺三十四、庵院六十有五，静室一百七十余所，寺僧五千余人。其中高僧辈出，名人寓贤往来不绝。

各地土司在宗教经典的传播方面作了不少功德。有的请求朝廷颁赐大藏经；有的从国外请进经书；有的请人精心抄录经典供奉；有的捐资刻印佛经，广送佛寺诵读传习。其中，有的是善本、珍本。如崇祯庚辰（1640年）丽江土知府木增曾派人到苏州汲古阁刻印《大方广佛华严经三昧忏仪》一部共四十二卷，此经由木增及读彻（苏州中峰禅寺主持）订正，毛晋、钱谦益有序，经版置于浙江嘉兴府严楞寺藏经阁，经书分送江南各大寺，乃至流传至日本，收入《续藏经·忏礼部》。此前，木增于万历末至天启初年邀请西藏噶玛噶举派红帽系六世活佛却吉旺秋（1586—1635年）至丽江主持编纂、校订、刊刻大藏经《甘珠尔》（佛语部）历时十年完成。此经共108函。现拉萨大昭寺中还珍藏有木增奉献给该寺的《甘珠尔》朱印版。每两函用绸缎包成一包，每两包装一木箱，每包用金丝线缠绕，木箱皆用银锁锁住。可见主人对它的珍视。其书版于清初被运往理塘寺，此后又称为理塘版《甘珠尔》[1]。此书目录，1982年由日本东京国际佛学研究所影印。理塘版大藏经，被学者们认定为佛经

[1] 见余嘉华等:《木氏土司与丽江》，第168—169页。

传播史上的善本之一。

各地土司还兴办学校，培养人才；延聘名医，积累医案，发展各地医学、制药；培育民族民间的音乐舞蹈（包括宗教的音乐舞蹈），完善器乐品种，丰富音乐曲调，提高舞蹈技巧；进行书法和绘画创作，也带动了某一民族、某一地区的书画艺术的发展。各地土司为了承袭申报职务和教育子孙的需要，编写了详尽的家谱，留下了珍贵的民族资料。当地望族亦纷纷效法，为当地文化存留了许多有价值的家族史，成为民族研究的基础性资料之一。

四

土司文化中的价值取向、道德规范、社会心理等较为深层的内在结构，是土司文化的核心，也是最值得探究的部分。由于代远年湮，难以全面探究，但从土司们的家训、家规、训子语录及其著作中，可以窥见一斑。

邓川土知州阿骥于明正德三年（1508 年）立《邓川州土官知州阿氏五氏墓表》，在碑阴特书《万年金鉴》，以告诫子孙：

若曰：我阿氏远祖以来，世世积善，从威远州向义奋勇而来。我始祖这公，洪武年间，躬随大军征进，冲冒矢石，忍受饥寒，遍历劳苦，建立功绩，朝廷授以世袭邓川知州，相承直至今日。为宗子者，有土地人民；为庶子者，有田庄仆从。感戴洪恩，至深至重。夫经历既久，保守益坚，则安富尊荣，斯远矣。保守如何？必为宗子者，上忠朝廷，下恤黎庶。明遵礼法，幽事鬼神。亲君子以求古今善猷，远小人以防谗谮败事。地方有害即除之，有利则兴之，不迷酒色，不荒燕游。不肯务繁而懈怠，不以年迈而改易。常思身系一方安危，用人处事，不可轻易。此宗子保守之道也。为庶子者，读书讲礼，守分乐天。虔奉祖先，卫护宗子。厚睦族邻，整齐家教。不干预公事，不结交非人。不惑于奸邪，以间离骨肉，不妄动心意以滋长忧疑。常思一生享自然之福禄，军民匠皂不干已身。此庶子保守之道也。夫西南一方，与我始祖同起为官者，子孙今多废坠，盖由不能各尽保守之道，甚者或至妇人售其机巧，奸人窃其权柄，而宗子庶子不能察知所致也，今骥忝为宗子，庶子与我俱一派而分，何亲如之。每思我家安富尊荣，绵远无替，皆由代代尊卑长幼，各尽保守之道也。实迹大略，已载五世墓表。骥又虑子孙宗族不能遍观而体认之，故又缘儒，编写己意为句以告，果能人人遵依而行，则我阿氏一门之幸，可胜言哉。尚其勖诸，阿骥谨告。[1]

阿氏原籍威远州，姓刀，傣族。洪武间刀这以军功升任邓川州土知州，钦赐阿姓，至阿骥立碑时，已承袭五代，历125年，历久不衰。究其原因与其重家教、善于处理各种社会矛盾有关。如《万世金鉴》所言，作为土官的继承人（宗子）要“上忠朝廷，下恤黎庶”，有责任感，“常思身系一方安危，用人处事，不可轻易”。

[1] 录文据:《大理丛书 · 金石篇》第十册，第72页。

将为官要领，点得清楚明白。作为土官的弟兄（庶子）要“读书讲礼，守分乐天。虔奉祖先，卫护宗子”，“不干预公事”等等，以保持宗族和睦、政权稳固。阿骥在其《五世墓表》中还总结其家“树功种德”的经验，认为“德愈修，功愈茂”，并举例“如事母养而能顺，处内和而有礼，睦宗族以恩，成子弟以学，御群小以严，此施于家者。扶植善类，殄除奸宄，变易旧俗，修筑濠堤，捍御灾患，此施于郡者。作兴人才，延礼宾客，恪共岁事，增修馆舍，此施于上下交际者”。将内处家庭，外治郡县，上下和谐之道，讲得简明扼要。其道德规范亦得彰显。

武定县万德乡耐姆窝村那氏祖茔，于乾隆四年己未（1739年）立有土官那德洪寿基志碑，称：那氏原为武定府土知府凤氏之后，“嘉靖间，族人有事株连，停袭。万历间，公之曾祖以功授和曲十马掌（长）官司，易姓那”。此碑铭后列有那德洪所立的《训后文》，其中有：“所宜世守者，胪列于左：一敦伦纪，一端品行，一睦亲族，一择交游，一勤稼穑，一尊圣学，一崇信义，一爱人物，一择他念，一修堰塘，一读经史，一守礼义，一远谗谈，一戒酒色，一务牧养，一正心术，一积善德，一尚节俭，一习医理，一培果木。德洪嘱。”[1]以其毕生经验，谆谆嘱咐后之子孙，重视道德文化修养，勤于农田水利培植果木，尚礼义崇节俭，戒酒色习医理，显示了其家族文明程度日益提高、科学观念逐步建立的趋向。

姚安府土同知高氏，明末崇祯年间编《高氏家谱》，附有《高氏家训》十九条，其目录为：思君恩、念祖德、孝父母、奉三宝、重祖茔、钦家庙、修家谱、重祭祀、报应袭、慎婚姻、教子孙、严壸范（妇女规范）、待宗族、飨仆役、恤夷民、培德行、读书史、禁骄奢、戒宰杀。各目之下皆有解释。如：

> 一思君恩：祖宗以来，世受皇家爵土。……故思报君恩，诚为要惟。无事则恤民劝改，恪守朝规；有事则钦命奉公，勤劳国事。如是，则上苍鉴临，永享天禄矣。
>
> 一念祖德：余家历一千余年，五十二世，一脉相承，绵绵不替。皆由祖宗积德，以留余

[1] 张方玉:《楚雄历代碑刻》，第132页。

庆，勤勉以承家业。为子为孙，当思木本水源，时时感报，修坟茔，葺家庙，修家谱，重祭祀，此皆所以为报祖德也，慎之慎之。

一教子孙：养子不教，父之过。……故教训诗书是为先务，至于忠君孝亲，治家涉世，一事不谨，有玷全瑜。为父兄者，宜切切训诲。其子孙能，嘱其为子孙之师者，严加约束，父师一旨，内外相敷，庶几有成。

一慎婚姻：婚姻当与同类相当者为之。……宜择世职、名绅、贤商、文士之家，非此不宜轻构世缔。

上列四条，略可见其家风；知高氏本支在南诏大理国时期为宰相等重臣、在元明时期为姚安府同知，并非偶然。

姚安高氏的六代亲家丽江府土知府木氏，亦治家有方。明嘉靖七年（1528 年）建宗祠，木公撰有《建木氏勋祠自记》，其中说：

> 后之子孙，念祖宗之艰，述我所为善。内不可耽于酒色，外不可荒于犬马。惟立身行己，克恭克敬，勿亵尔神，勿怠尔心，学书学礼，忠君至恳，孝亲至勤，爱民至专，祀神至诚，训子至要。此五者，蓄诸内而行诸外，垂诸子孙，庶几永久勿替。……凡我子孙，受朝廷世袭美官，拓边守城，不可有动摇患，以贻天子忧。遵祖宗世传之雅训，不可紊淆变乱，以败坏木氏家箴。[1]

此文虽由木公写成，却是木氏好几代人的思想结晶。它既是木氏家族的行为准则，又鲜明地体现了木氏家族的价值取向。四勿（勿耽于酒色，勿荒于犬马，勿亵尔神，勿怠尔心）、五至（忠君至恳、孝亲至勤、爱民至专、祀神至诚、训子至要）将木氏提倡什么、反对什么，表述得极为鲜明。深沉的历史责任感，自强不息的进取精神，自觉维护国家和民族的整体利益，尊老爱幼、爱民惜物的民本思想等等都包含在其中。

[1] 乾隆:《丽江府志略 · 艺文略》。

以上所举邓川阿氏、武定那氏、姚安高氏、丽江木氏的家规、家训，都有一个突出的特点：忠君爱国，不断提高自己的道德文化修养，让子孙和民族繁荣昌盛，促使边疆民族地区的社会稳定和谐。其间虽然带有阶级的烙印、时代的局限，却有不少合理的内核，值得借鉴。

正是由于忠君爱国的价值取向，各地各民族土司在国家有难时捐钱出粮，派兵参战，尤其是外国势力入侵时，奋勇抵抗，出现了许多感人的事迹。明万历年间猛养宣慰使的长子思顺投敌叛国，他母亲罕送不愿跟从赴缅，写信嘱其次子思华、思尚一定要回归中国。清康熙年间，丽江土知府木懿不愿依附吴三桂叛乱，被囚禁在省城七年，吴三桂覆亡后，才重当知府。光绪二十六年（1900 年）英军千余人入侵我怒江他戛、茨竹、赖派一带村寨，土守备左孝臣、土千总杨体荣激于爱国热忱，率领边民奋起抵抗，左孝臣等 137 人为国捐躯。1911 年 1 月 4 日英军侵占片马、岗房、鱼洞，当地傈僳头人墨勒夺拔率领当地民众在丛林中伏击英军，“誓众不屈”。光绪十七年（1891 年）英军以“探险队”的名义入侵干崖宣抚司所属铁壁关地区，刀安仁刚承袭土司职位，便率领五百名士兵，前去阻止，将其击退。1883 年至 1885 年中法战争期间，文山麻栗坡猛硐寨老及苗族头人项崇周，率领各族民兵数百人，经大小数十仗，收复了马关、麻栗坡一带被占的国土，以军功受封团练营世袭管带，赐给土地。1902 年赠他“苗中之豪杰，边防如铁铳”匾。1904 年清政府再次对他褒奖，称他为“南天之锁钥”。正是忠君爱国的思想日益深入人心，并在思想深处扎根，各地各民族的土司才会以生命和热血自觉维护国家的主权、领土的完整。

综上所述，对土司制度既要肯定其历史作用，也要看到其局限；对土司文化、土司人物应一分为三：好的，比较好的，差的。人物，另文研究，不赘。土司文化，是民族文化的重要组成部分，有的还是民族文化的光辉代表之一，但它远远不是民族文化的全部。土司文化在民族文化中的地位和作用，各民族各地区不尽相同，宜从实际出发，具体分析，切忌片面化处理。

携手走向文明

——姚安高氏与丽江木氏土司关系片谈

情深谊厚两亲家

姚安德丰寺正殿前，立着一对大理石雕成的石狮子，高约 1 米，长约 0.7 米，宽约 0.4 米，石狮前腿伸直，后腿弯曲，狮头上扬，项上系铃铛，雄踞于石板上。头部、身上的狮毛呈螺旋形卷云状，肋骨隐然。一狮张口鸣叫，一狮闭口倾听，似有几分默契。

石狮与侧厅内安卧的高奣映有着一段不同寻常的关系。据说，这对石狮原置放在丽江府木氏土司家的门口。姚安府土同知高奣映幼年时随母亲木氏回丽江拜见外祖父，临返姚安时，木土司问高奣映要什么东西？高奣映爬到石狮子上骑着不下来，恋恋不舍，一声不吭。

木土司便将这对石狮赠送给外甥高奣映，并派人运送至姚安，置放于高氏土司衙门口。其后代捐赠文庙，1955年移至县文化馆，现又存于德丰寺内。

在交通不便，只能靠人背马驮运输的时代，从四百多公里外的丽江，将一对石狮完好无损地运到姚安，算是一份难得的礼品了。这对石狮三百年来仍完好，也体现出姚安各界人士一片存护之心。为何木氏土司给高奣映送如此厚礼，高氏土司和姚安百姓又为何如此珍惜？这还得从两家的世代交往说起。

高氏与木氏均为对云南历史有过重要影响的家族。高氏在大理国时，曾为国相，权重一时，其子孙分布云南各地，也多有一定权力。宋末元初，遭受重创，地位下降。至明初，高寿任姚安府知府（正统后改同知），高义任姚州（今大姚）同知，高策任北胜州（今永胜）同知，高清任通安州（今丽江）同知，高赐任鹤庆府知府（后改为土千户）等等，在滇西仍有较大的势力。

丽江木氏，其先祖唐代初年从越巂南下进入丽江，元初因迎忽必烈有功，升茶罕章丽江管民官。明初，朱元璋赐姓木，任丽江府世袭土知府。在明王朝的支持下，向北拓展，直接间接辖有大渡河以南至金沙江流域丽江一带的地区，成为云南实力较强的土知府之一。

这些土知府、土同知之间，为了政治上互相支持，经济、文化上的交流，常互相结为姻亲关系。姚安《高氏家训》婚姻条就有:“婚姻当与同类相当者为之”，“宜择世职、名绅、贤商、文士之家，非此不宜轻构世缔”。高氏与木氏在明代的云南，正是地位相当可以联姻之家。木氏与高氏的婚姻关系先是就近与鹤庆高氏、永胜高氏开始，然后与姚安高氏结亲。后者在崇祯《高氏家谱》、清《木氏宦谱》中有载:

高凤，高氏四十五世祖，娶丽江府本安介圣泰公次男讳钟之女。

木泰(1445—1502年)，高凤外公，字本安，号介圣，以军功授太中大夫，世袭知府，并赏北胜州沙阑村奉地庄。高凤娶的是木泰孙女。

高齐斗，高氏四十六世祖，号北山，娶木公长女木氏贞即光加，生高钦，号益封，是为高氏四十七世祖。

木公(1494—1553年)，高齐斗岳父，字恕卿，号雪山，授中宪大夫，世袭知府。雅好文学，著有《雪山始音》等诗集六种。

钦生金宸，为高氏四十八世祖，号天术，娶木氏文岩之女，数年在丽，回姚方弱冠。金宸五授敕诰，赐列朝大夫。姚安知府李贽为其撰《贺世袭高金宸膺奖序》，入名宦祠。

高金宸岳父，文岩为木东号，其字为震阳（1534—1579年），授中宪大夫、世袭丽江府知府，其妻高氏娴为北胜州高知州女。

金宸长子高光裕，为高氏四十九代祖，号天储，袭父职，娶妻木氏姒，是玉龙木公讳旺女。

高光裕岳父木旺（1551—1596年），字万春，号玉龙，袭丽江府知府，授中宪大夫。木氏姒为木旺次女，又名阿相。

光裕长子高守藩，为高世五十代祖，字向葵，号玉岑，三岁而父殁，母木氏代理政务。其二叔光谦谋夺职。家遭阋墙之变，四叔光祚奉守藩避难丽江木生白公府内，“训以诗书，饴以药饵”。至天启二年（1622年）始归姚安承袭。娶方伯同卿生白木公讳增女木氏淑。高守藩长大承袭后，喜诗酒，著有《龙溪小窗集》。是为高氏土司的第一本诗集。

高守藩岳父木增（1587—1646 年），字长卿，号华岳，又号生白。原授中宪大夫，丽江府知府，著有《芝山云薖集》等诗文集。因捐银助饷等，天启二年升云南布政使司右参政，授中议大夫；崇祯四年升广西布政使司右布政（尊称方伯）；崇祯十三年升四川布政使司左布政；崇祯十七年加太仆寺正卿。“着于省城建坊以风励诸土司。”是为木氏土司中受荣衔最多、最高的人。

守藩故，子高龝，字无作，号青岳，年方九岁，妹方七月，父亡。光谦余孽又谋夺职，“理虽在我，而力难争。只得移潜丽府，承生白公一力扶持，修鳞养晦，凡立身涉世之道，无不谆谆训勉。无闻则静坐书窗，朝夕咿唔，立言奥义，靡不洞悟，迨丙子（1636 年，崇祯九年）春始旋姚任事”。“青岳公娶方伯同乡（应为长子）、昆仑木公之女木氏荣，生一子，讳奣映。”

高龝之岳父木懿（1692—1608 年），字昆仑，号台美，增之嫡长，继父职，崇祯十二年授云南布政使司右参政。入清，不依附吴三桂，被囚禁于省城者七年。

还有一段不同寻常的事迹：丽江府末代土知府木钟

（1687—1725 年），字云林，号永茂，幼时，“姚安土同知高奣映取其清雅，六岁即接去抚养攻书，见其不喜嬉游，因招为婿，视如亲生。数年后欲辞归应试，高公依恋不舍，在彼完娶”。康熙五十九年西藏军兴，胞兄血侄勤王赴前，丽江无人管理，将木钟从姚安接回丽江主持府事。康熙六十一年兄侄相继病故，众人连名保举管理土府事务。视事仅四十余日，即遇改土归流。其时，木钟因事在剑川遭软困，官方从木府掌案处追缴田契资产，某些官员“复向正妻高氏索取世传玩器”，高氏称，“到丽未久，仅有妆奁，未见过木氏传留一物”，高氏颇识翰墨，危急之中“将敕书诰命及各宪功牌谕帖紧藏不认”。因而木氏土司的部分文件得以保存。木钟于雍正三年亡，高氏抚其子木德成长，以所藏案宗，向上级主管申诉，往返省城数次，准任土通判之职，得复部分田庄，起衰振靡。为木德娶姚安同知高厚德侄女高顺英。在木氏危难之秋，高氏表现出智慧与坚忍，不同寻常。

由上所述可见明代中叶至清初，姚安高氏土同知高凤、高齐斗、高金宸、高光裕、高守藩、高龘六代娶丽江木氏土知府的女儿或侄女为妻；清初木氏土司中木钟、木德两代，娶姚安高氏土同知的女儿或侄女为妻。两家世代姻亲，绵延久远。高氏土同知中的高齐斗、高守藩、高耀、高奣映四代幼时都到过丽江居住，有的还在丽江好几年，木氏土司对其关怀备至。在高氏家族内部夺职的纷争中，给予应承袭的一支强有力的支持，木氏土司成了高家的依靠。这在《高氏家训》中，曾总结为一条："遇家庭之变，则嫡母之撑持，外祖之保全，祖宗以来，亦有成范。其至族人借职抚孤之说，皆不可轻易为之，以启衅端，为宗子知之。"嫁到姚安的木氏女，在相夫教子、理家持政方面亦多有才干。例如：五十世高守藩，"三岁而孤，母（木）氏代理府事，人称女中尧舜"（由云龙:《姚郡世守高氏源流总派图》)。这位代理府事的木氏女，崇祯《高氏族谱》记有：高光裕，字云储，娶木氏姒，是玉龙木公讳旺女，木氏公幼袭父职，循循范佑，政不扰民，奉调御突，同士卒同甘苦（新修《高氏族谱》，第126页）。高奣映母亲木氏，当明清鼎革之际，忠于故明，曾随夫君高耀，于烽火弥漫之际，追随永历皇帝从昆明西走腾冲，后被族人追回，耀义不仕清而出家，子奣映年幼，木老夫人又代为掌印，管理府事。清初木氏土司处于多事之秋，又是高氏土司嫁到丽江木氏家的女儿苦苦撑持。两亲家患难相扶，互相支持，情深谊厚，对各自土司位置的顺利承传、家庭的发展有益，对民族间、地区之间的经济文化交流有利，为解决家族内部纷争、维护地方的安定创造了条件。

民族是一个历史范畴，它由氏族部落发展而来，伴随社会出现阶级、国家而产生。至近代形成有共同语言、共同地域、共同经济生活以及表现于共同文化上的共同心理素质的稳定的人们共同体。从高氏这一历史久、分布广、支系多的家族看，各个历史阶段、各个支系的族属宜作具体分析。就时序讲，南诏时期与南诏首领蒙氏（彝族先民）合作；大理国时期与国主段氏（白族先民）合作；明代受封各地土官，与当地人士合作；由于任职的区域不同，所处的文化圈也不同，如在鹤庆任职者，与白族文化渊源甚深；在姚安、大姚任职者与彝族文化关系密切。仅以姚安高奣映一支来说，在明代中后期百余年中，六代土司娶木氏女儿为妻，在血缘上，与纳西族较为靠近；其辖区为彝族聚居区，身为彝区土司，与百姓有较多的共同文化及共同心理素质。因而，某一时期、某一地域、某一支系的云南高氏，出现汉、白、彝、纳西等不同民族，自在情理之中，其后裔选择何种民族都有其理由。这也是汉民族“滇化”而产生的普遍现象。

价值取向趋一致

高奣映曾拟定姚安《高氏家训》，其中第一、二条为重点，其内容为：

> 一思君恩：祖宗以来，世受皇家爵土。……故思报君恩，诚为要惟。无事则恤民劝改，恪守朝规；有事则钦命奉公，勤劳国事。如是，则上苍鉴临，永享天禄矣。
>
> 一念祖德：余家历一千余年，五十二世，一脉相承，绵绵不替，皆由祖宗积德，以留余庆，勤勉以承家业。为子为孙，当思木本水源，时时感报，修坟茔，葺家庙，修家谱，重祭祀，此皆所以为报祖德也，慎之慎之。

这两条的核心是“忠君孝亲”，目的是长“受四品之隆位，承百代之宗祧”。为此，从家族说，要明宗支，凡应袭，初生宜报，确定人选，以免紊乱。对子女，“教训诗书是为先务”，“学不可以不乘时光。学通书史，此犹修身治家之急务”。同时，要严壶范（严格管理家眷）戒骄奢，培德行，恤夷民。为了祈求神佛的庇佑，要“奉三宝”（佛、法、僧），“戒宰杀”。

这一“家训”虽形成于高奣映（五十二世）之手，它实是高氏家族长期实践经验的总结。以高奣映的父亲高䎬为例，他自幼饱读诗书，丙子（1636年）承袭后，地方动乱，“身亲矢石，驰驱御侮”，丙申（1656年），永历帝入滇，本已受居士戒的他，又装束入朝，“侍卫宿夜匪懈”。永历撤向滇西，他偕夫人木氏追随，直至永历入缅，才从腾越返回。义不仕清，以印授子奣映，即祝发为僧。建立德丰寺“祝国祈年，不忍忘君也。立梵宫，即设宗祠，崇建家庙，纂修世谱，不忍忘先也”（崇祯《高氏家谱》），实践了“忠孝为本”的家训。这位土司，在澜沧兵备道按察司副使何闳中眼里是“温纯粹雅，恂恂若儒生，无一毫富贵骄奢之态，且一段善气逼人”，并进而分析高氏历千余年弈叶辉煌的原因是：“世守宗法，振威武以遏遇略，厚民生而赞皇图。盛德大业，深厚悠久之所至”（崇祯《高氏族谱》序）。

与此相近，丽江木氏土司，也有相近的家训。明木公在《木氏勋祠记》中说：

> 后之子孙，念祖宗之艰，述我所为善，内不可耽于酒色，外不可荒于犬马，惟立身行己，克恭克敬，勿亵尔神，勿怠尔心，学书学礼，忠君至恳，孝亲至勤，爱民至专，祀神至诚，训子至要。此五者，蓄诸内而行诸外，垂诸子孙，庶几永久勿替。……凡我子孙，受朝廷世袭美官，拓边守城，不可有动摇患，以贻天子忧。

这四勿（勿耽于酒色、勿荒于犬马、勿亵尔神、勿怠尔心）、五至（忠君至恳、孝亲至勤、爱民至专、祀神至诚、训子至要），将木氏提倡什么及反对什么，表述得清清楚楚。它是木氏好几代人思想的结晶，这既是规范木氏家族行为的准则，又鲜明地体现了木氏家族思想上的价值取向。其内容丰富，深沉的历史责任感，自强不息的进取精神，自觉维护国家和民族的整体利益、尊老爱幼、希望下一代成才、爱民惜物的民本思想等，但核心却是“忠君法祖”。

姚安高氏的家训“忠君孝祖”，丽江木氏的家训“忠君法祖”，提法略有不同，而精神相近。两地相距数百公里，家训形成的年代不同，木氏土司的在嘉靖七年（1528 年）木公所建木氏勋祠落成时，刻于祠中，垂诫子孙；姚安高氏的家训，清初高奣映（1647—1707 年）撰，当形成于归隐结璘山设馆办学时期，约 1684—1697 年之间。二者相距约 150 年。二者看似毫无关系，却有其内在的关联，因高氏中的高齐斗、高守藩、高耀、高奣映四代都先后在丽江舅舅木氏土司家住过较长的时间，对木氏的宗谱、宗庙及家训都较熟悉，高氏修家谱、撰家训时，当有所借鉴取法。更重要的是，高、木二氏土司明初受封以来，每当承袭或有事，按例均要亲自或派管事到京城述职，沿途跋涉旅居都城期间，见闻甚广，所学甚多；明代云南各州县纷纷办义学、书院、学宫，汉文化渐为普及，对云南各民族的影响日渐加深，忠君爱国、孝顺父母的观念深入人心。孝，有利于家庭的和睦；忠，有利于内聚力的形成，国家政权的稳固。这种价值取向的形成，是各民族在长期的历史发展过程中，从自己切身的经验教训中感悟到的真知；也是官方长期倡导、培育，中原文化的不断熏陶的结果，是中华民族的智慧之花。马克思说过：“在每个时代里，统治阶级的思想就是统治思想”（马克思、恩格斯:《论艺术》一，162—163 页）。在元明清时期，在土官所辖的地区，无论府、州、县，土官影响大，他们忠君爱国的思想、他们的价值取向直接影响着他们治下的成千上万的百姓的思想，对各民族各地区的爱国思想的形成和发展，起了不小的作用。

文化成果各放异彩

云南各土司元代多以武功称雄，至明代逐渐以文治称著，由尚武而渐趋崇文。各土司率先学习汉文化，经过几代人的积累，有的能纯熟地运用汉字写诗作文，取得了较为丰硕的成果。在民间文学、本民族文字著作之外，拓展了新的领域。丽江木氏与姚安高氏便是其中的代表。其文化上的贡献主要有：

一、以汉文创作了一批作品。丽江木氏土司从木泰（1445—1502年）开始存诗，其后有木公（1494—1553年）、木高（1516—1568年）、木青（1569—1597年）、木增（1587—1646年）、木靖（1628—1671年）等，共六代有诗文存世，其中以木公、木增为著。木公曾纂修家谱、修宗祠，并撰写诗集六种，杨升庵选其精者编《雪山诗选》，张志淳、张含、李元阳等为之评点。木增亦曾撰诗文集五种，俱已刻印，但涉及明末政事甚多，雍乾之际列为禁毁书目，今完整保存者仅诗集《山中逸趣》、徐霞客帮助整理的读书笔记《云薖淡墨》，其余为残本、抄本。木增的著作，有诗、有词、有赋、有文，品种较多，在《云薖淡墨》中有"释庄义"一组，可作学术研究看。木泰、木高、木靖存诗虽少，有佳作。木氏六公的汉文作品，开了纳西族文人创作的先河，于东巴文化、民间文化之外，增添了文人文化的新内容。

姚安高氏之汉文创作，见于记录的有明末高守藩著

《龙溪小窗集》，另有《悼内十咏》。高耀编《高氏家谱》分“谱例”、“考证录”、“源流图”、“恩纶”、“家训”各编。高氏至清存诗文的有高奣映、高厚德、高乃裕，其中以高奣映为著。相传著书八十一种，今存《鸡足山志》、《滇鉴》等史学著作，《妙香国草》等诗集，《金刚慧解》、《太极明辨》等宗教研究，《迪孙》、《训子语》等教育论著，涉及多学科、多领域，为姚安，也为彝族文化增添了新内容，谱写了姚安，特别是云南彝族学术研究的新篇章。他也成为著名的学者、教育家。木氏以诗文创作著称，高氏以史志、学术见长，各有建树，各呈异彩，共同为云南民族的文化的发展作出了贡献。

这些诗文集的出现绝非偶然，而是木氏、高氏土司家族长期参加社会实践（政治、军事、经济）和重视自身文化学习的结果。木氏土司家门口有一重要匾额“天雨流芳”，以纳西话读，意为“读书去吧！”木氏通过各种渠道，购进大量图书，建了“万卷楼”，从鹤庆等地请了家庭教师，辅导子孙读书。仅从木增的读书笔记《云薖淡墨》看，征引图书达三百余种，可知读书是增长木氏才智的重要方面。姚安高氏土司亦多勤奋好读，高斫映尤甚。他“嗜书成癖，……博涉经史百家，凡宋元以来，先儒论说，与夫诗古文词，及近代制艺，皆窥其底蕴而有所得”。他于结璘山建馆“藏古今书籍于佛雪岩，编为十号，每号千数百卷”（甘孟贤:《高雪君家传》)。正是这深厚的学识，使得他在学术上有所建树。

二、推进社会文明建设。由于高氏与木氏土司有较高的文化修养，较广的见识。他们在各自的辖区尽力推进社会文明建设。

木氏土司在明代中后期注意引进内地的医生、造纸、冶铜、制革等技术人才，发展经济；捐款修复鹤庆文庙；在多处架设桥梁，为百姓提供方便。高氏土司在兴办教育、教书育人上做了大量工作，培养了一批人才，促进了当地汉文化水平大面积的提高。同时，还在兴办医疗、提倡种树、移风易俗，倡导尊老爱幼，培育社会公德等方面做了工作。

高氏与木氏还在辖区或邻近地区内兴建寺观，绘制壁画，刻印佛经，阐释教义。既使自己的精神有所寄托，又使百姓思想有所皈依。木增捐资刻印的理塘版大藏经《甘珠尔》为藏文佛经中的精品，共180函，至今拉萨大昭寺还有珍藏。高奣映撰写的《金刚慧解》是他对佛教经典的阐释，融汇了自己对佛学的体验。这些都对弘扬佛学作出了贡献。

姚安高氏在文化上取得的成就，原因是多方面的，但受丽江木氏亲家的影响是一个重要方面，以木增和高奣映为例，两位都是少年承位，木增 9 岁，高奣映 12 岁，承位时均由母亲代政，木增母为罗氏春，高奣映的母亲为木氏荣。两位土司均在壮年即退位隐居：木增在 36 岁退隐芝山，高奣映 37 岁归隐结璘山。退隐后木增主要读书写作，“独爱玄同契老庄”，以诗酒自娱；身在山林，却关心朝政，捐款助饷，建言十条，为朝廷献策。高奣映退隐后也主要读书写作，兼教学，在较高的层次上，对中国传统文化进行探索，同时，仍关心地方社会公益事业。二者的家庭均有较强的经济基础和实力，但他们不像有些土司花天酒地、过荒淫庸俗的生活，而是注意人格修养，培养高雅的情趣，舍得花巨资购买图书及刻印先祖和自己的著作，木氏的著作有的还运到苏州，请当时最负盛名的出版家“汲古阁”精印出版。这种自觉投资文化建设的眼光，已高出同辈多多。正是有这种自觉的文化意识，高氏和木氏才为后人留下了许多宝贵的精神财富。高𣂏映的为人、为文，时时可以看到其外祖父木增的影响。这些有眼光的土司互相邀约，携手并肩，共进文明之途，是社会进步的一种表现。

历代土司，是中央王朝在边疆民族地区设置的地方官吏，是汉文化向四周传播的桥梁，在特定的历史时期，相对来说，汉文化较为先进。明、清时期各地土司带头学习汉文化，必将影响各民族各地的百姓群起仿效，从而提高民族文化素质，推动边疆民族地区的文明进程，增进整个中华民族的内凝力。

昆明孙髯绝妙词史实确凿怎能改

2000年7月28日，《中国楹联报》刊登了湖南唐贻棣先生的《昆明大观楼长联作者考辨》一文，他根据《新编曲靖风物志》中的《曲靖孙髯翁与昆明大观楼长联》一节，加以摘要介绍说：该书“首次披露此联作者为曲靖孙璃”，并认为“否定长联为昆明孙髯所作依据充足，应当成立”。其实，这一观点已提出来十余年了，1987年6月6日《云南日报》就曾刊出过曲靖赵宏逵先生的《昆明大观楼长联作者质疑》，其中一至四节与《曲靖风物志》文大致相同，第五节“长联的思想脉络问题”为新增。文字也由原来的二千多字扩展为四千多字。看来，编入《曲靖风物志》时，是经过作者认真补充修改的。唐贻棣先生所介绍的也就是赵宏逵先生的观点。十余年来，这一观点从省内流到省外，有一定的迷惑性。有必要对此略加评论，还历史的本来面目。

“大观楼长联当为曲靖孙璓之作”的论者，举出与昆明孙髯交往甚厚的师范在《滇系》中，为他写了小传，而只字未提长联为例，否定长联为孙髯所作。然而，师范在不同地方，记述孙髯的资料有多条。一、《荫椿屋诗话》第四则记：“庚寅（1770 年）秋谒先生于咒蛟台，问作诗之法。”二、《滇系》艺文卷八之十七《孙髯拟输捐直省条丁缓征逋欠谢表》后记，述其于戊子（1768 年）秋见孙髯的情景。三、《师荔扉先生诗集》卷二《与段可时论诗时可石索观近集》六首，其六云：“生平得力由师友，拥鼻难忘十二三。声律苏杨彭并究（砚北、栗亭、池南），体裁龚赵许同参（南楼、所园、丹山）。孙樵扪腹穷骚选（髯翁），钱起惊筵辨雅南（南园）。近向筠心门下坐（褚筠心师），尚书流派亦粗谙（归愚先生）。”以唐代文学家孙樵、钱起喻孙髯、钱南园。四、《师荔扉先生诗集》卷五《过圆通寺怀孙髯翁先生》二首：“日日看山不出城，夕阳秋雨可怜生。咒蛟台上松风冷，犹为孙登起啸声。”“垂老谈诗更有神，曾于早岁荷陶甄（丁亥和先生失鹤诗时予年甫十六）。匆匆二十年来事，几见时流制作新。”五、《师荔扉先生诗集》卷八《柬渠邀游近华浦偶成二律，同何纯斋窦松溪》其二云：“一览何能慰所思，江山无恙倚栏时。钱员外寄飞扬兴（戊子秋，南园于此击钵赋诗，一时传诵），孙布衣留绝妙词（内有髯翁题联甚佳）。奁镜晓开清渺渺，髻螺宵拥翠离离。吾乡自有佳风月，不到西湖不是痴。”上述材料表明：师范于1767（丁亥）、1768（戊子）、1770（庚寅）三四年的时间里，常去拜访孙髯。那时师范是十六到二十岁的青年，而孙髯已“白须古貌”、“如松阴独鹤”的高龄老者了。二人是忘年交。孙髯成了师范崇敬的前辈、受益甚多的老师。师范不仅将孙髯与昆明另一名人钱南园相提并论，并对孙髯在古文、诗、楹联上取得的成就给予充分肯定。在上列第五条材料中，称近华浦内“有髯翁题联甚佳”，是“孙布衣留绝妙词”。这是对昆明孙髯大观楼长联的较早的记载和评价。

约小于师范十岁的昆明人徐敏，自称为“太华山诗癖”，他长期辛勤辑录的《集古今名人游览太华山诗记》，于嘉庆十五年（1810年）刻成，与师范在安徽望江于嘉庆十三年刻成《滇系》相较晚二年。滇中学者刘大绅在《答徐勉斋》一诗中说他“收罗旧闻六十载，家资倾半成瑶篇”（《寄庵诗钞》续附卷四，己卯）。约可见其用力之勤，持续之久，耗资之巨。在《太华山诗记》上卷，选孙髯《升庵太史祠》七律二首，并列小传称：

> 孙髯，字颐庵，号髯翁，昆明布衣，博学好古，擅骈体，工诗才。太守徐南冈，尝折节下交，相与讲论诗文。又五华山长张公，讳甄陶，尝与倡和，为之叹服。生平所作甚多，皆为散失，唯《金沙诗草》行世。今大观楼长联，群推为罕觏之作。

在同书第53页选余璜《罗汉崖》、《太华寺》等三首，也列小传说：

> 余璜，字际良，号良斋，昆明武庠。曾抚其兄子伯选，攻书教养，中甲午科举人。又与孙颐庵、傅微亭唱和，一时齐名，今大观楼髯翁长联，皆际良先生捐资刊刻。

徐敏与师范为同时代的人，长期住在昆明，热心于地方文学的收集整理，在文化界有较广泛的联系，他对孙髯及大观楼长联的记载，其史料价值与师范所记同样珍贵。徐敏明确记载了大观楼长联为孙髯所作，准确记录了孙髯的字号，反映了昆明各界人士对长联的看法："群推为罕觏之作"，叙述了孙髯主要的社会交往，透露了武庠余际良先生捐资刊刻大观楼长联的具体细节。联系孙髯的父亲曾"以武职宦滇"，更觉真实。

接着《太华山诗纪》刻印的《即园诗钞》收录李于阳癸亥（1803年）至丙子（1816年）冬十有四年之诗，其中卷七《秋日偕李艺圃、奚修亭泛舟近华浦》有句云："凭栏不觉叹英雄，虎踞龙蟠往事空。汗简勋名高阁外，悲歌心绪满樽中。难招羽鹤天边下，可许石鲸池畔逢。剩得大江东一曲，铜弦铁板唱髯翁。髯翁才气世无敌，落拓布衣若个识。健笔偶或骈骊词，惊涛难坏淋漓墨。侠客肝肠文士心，凌虚想见泪沾臆。我来读尽亦欷歔，槛外寒流去不息。"李于阳在五华书院的同窗好友戴炯孙，则将孙髯列为昆明乡贤，在《布衣孙公髯》的赞词中称："蛟台老人（髯自号），卜易为活，诗文豪宕，奇气勃郁，壁立高堂，螺峰翠抹，万树梅花，冰寒铁骨。”（《味雪斋诗文钞》乙集卷六《昆明乡贤序赞》）其后他编《昆明县志》时，在“文苑传”中，为孙髯立传；在“艺文志”中，著录孙髯的《永言堂文集》、《金沙诗草》，及辑录的《国朝诗采》等，在“杂志”中录载大观楼长联全文，称“吾县”孙髯题。李、戴二人的老师、宁州刘大绅于嘉庆丁丑（1817年）写诗称：“孙髯大布衣，蔚为风骚主。螺峰好岩壑，各自辟门户。”（《寄庵诗钞》卷二续附《访壁立堂遗址》，题下自注：“在螺峰山孙髯翁选诗处”。）刘大绅的另外两位学生戴淳、杨国翰亦分别有诗称赞孙髯。

与李于阳、戴炯孙同时的昆明诗人谢琼，虽位卑家贫，诗篇却充满激情。他的《大观楼题壁》诗：“凭栏披满大王风，气象全收入座中。西去水声奔万马，北来山势卧长虹。楼台一带开烟雨，烽火千年冷段蒙。几度酒酣难落笔，上头题句有髯翁。”（《彩虹山房诗钞》卷下）作者的另一首词也表现了同一思想：“乾坤许大，怎教此水西流如汉。百尺飞楼云际倚，三面青山相向。鸥鹭浮沉，鱼龙出没日夜掀风浪。归帆隐隐，晚霞红处渔唱。遥想武帝当年，凿池通道，枉习楼船战，劫尽灰残人不见，惟有湖山无恙。酒罢凭栏，诗成题壁，只把髯翁让。临风吹玉笛，海门明月飞上。”（《滇词丛录》中卷，第16页）。另一位文人吴仰贤，在其《论滇南诗人》的一组诗作中，对孙髯的大观楼长联亦作了高度评价：“铁板铜琶镗鞑声，髯翁才气剧纵横。楼头一百八十字，黄鹤题留万古名。”（《小匏庵诗集》）同一时期的嘉庆庚午（1810年）举人唐守诚有《游近华浦》诗：“欸乃声喧穿短巷，青红色好漾堤长。大观楼对髯翁笔，多少才人不敢题。”宜良陈通有《和徐梅村秋日游近华浦》诗：“空濛气拥最高楼，携手同登豁远眸。小艇轻帆依苇岸，断虹疏雨跨山头。千年景物频天静，六诏风烟水国秋。说起髯翁今宛在，文章留处姓名留。”此外，昆明万钟杰、鹤庆曹奚琇、南安杨衍续、浪穹杨松麓、蒙自周纪贤等等，均有诗怀念、评价孙髯。

清代中叶云南文化界从李于阳到谢琼、吴仰贤，对孙髯的长联的推崇颇为热烈，或化用李白游黄鹤楼感叹“眼前有景道不得，崔颢题诗在上头”的典故，喻孙髯长联思想深刻、艺术高超难以逾越（谢琼）；或借用前人评价宋代豪放派词人苏东坡的风格“如关西大汉，铜琵琶、铁绰板，唱‘大江东去’”的妙喻，说明孙髯长联雄浑豪迈，才气纵横，气势不凡，新天下耳目（李于阳、吴仰贤）。孙髯被尊为“风骚主”（刘大绅）“乡贤”（戴炯孙）。

平静的生活常有波澜。道光六年丙戌（1826 年）阮元调任云贵总督，督滇十年，至道光十五年（1835 年）才由伊里布接任。阮元升任体仁阁大学士离滇时，年已七十有二。阮元阅历深、知识广，忠于清王朝，政治嗅觉颇灵敏，为“扶正消逆”，维护清王朝的统治，从主旨到文字将大观楼长联进行多处窜改后，重新刊刻悬于大观楼，引起滇中人士的不满。阮元听到议论，怀恨在心，“命重修武侯祠并像，……又塑封职降蛮爨习、孟获、孟炎于门左右。塑工成，率文武官祭焉”。又题联于五华山武侯祠以报复：“丞相天威，南人不复反矣；英姿有灵，礼乐其可兴乎？”（方国瑜：《云南史料目录概说》，第 1289 页）直以诸葛亮自况，将不满他的人视为难以用“礼乐”教化的“南蛮”，欲做“南驯宝象”的能手。一边为众望喁喁群推佳作，一面则多方较劲以势压人。在斗争中阮元维护清王朝反动统治，敌视云南人民的嘴脸，也暴露无遗。当阮元离任之后，他窜改的长联就被取下，孙髯的原联又出现在群众的面前。经过这一波折，孙髯的长联更加为人们所珍视、传诵海内。外省人也知此事，“闻阮芸台先生督滇时，曾窜改数字，另制板联悬之，而彼都人士啧有烦言，旋复撤去”（梁章钜:《楹联丛话》卷七）。阮元改联时，在给章钜的信中，确指“孙髯长联”（《楹联续话》卷二）。同治二年（1863年）刊刻的《云南风土纪事诗》有一首写道：

> 春草东缘金马山，夕阳西隐碧鸡关。大观楼上人长慨，早在苹洲蓼屿间。（大观楼在滇池之溃，旧有郡人孙髯题长联其上，阮文达公更为订正。语皆悲壮，极凭吊之幽情。）

作者彭崧毓为清王朝的一名官员，对阮元虽有回护之处，但对长联的评价较客观，且再次确认“郡人孙髯题长联”。别有意味的是，同治四年任云贵总督的劳崇光，于丙寅（1866年）春有重刻大观楼长联跋：“滇南大观楼楹联，乾隆中昆明孙髯撰、陆树堂书。川界纵横，大气包举，海内传颂久矣。咸丰丁巳楼毁于兵燹，联亦无存。今云丰军门捐廉重建兹楼，并购得楹联旧拓本，重付手民。一方胜迹顿还旧观，甚盛举也。适余初莅行省，乐观厥成，为识其缘起，俾后来者有考焉。同治丙寅春，善化劳崇光识。”这副陆书长联连同上述跋语，今仍悬于大观楼二楼。此跋语中仍称“乾隆中昆明孙髯撰”，并给予很高的评价。

以上所列，均为一百多年前史料，史籍和实物俱在，历历可考。光绪十四年（1888 年）赵藩重书大观楼长联时标上“昆明孙髯翁先生旧句”，正是尊重历史、不掩没前人功绩的严谨态度，怎么是“以名取人”，“张冠李戴”呢?

学术发展需要创新，研究深入需要争鸣。创新的目的在于让学术有所发展，对社会有益；争鸣的目的在于学术上求真，在比较中促进认识的深化，得出符合实际的结论。而创新和争鸣都需要求实的精神，需要刻苦钻研和扎实正派的学风，立论和说理都必须以事实为据。诚如恩格斯所言：“不论在自然科学或历史科学的领域中，必须从既定的事实出发”（《自然辩证法》，人民出版社，1960年版，第27页）。为此，必须详尽地占有资料，经过辨析思考，探寻其中的内在联系，从事实的全部总和、从事实的联系中去把握和运用，这样事实不仅确凿有力，胜于雄辩，而且像锋利的宝剑，能将谎言洞穿。赵宏逵、唐贻棣先生，仅凭一条材料未提孙髯撰写长联，想当然地推理，就轻率地否定孙髯的长联著作权，是否犯了“瞎子摸象”的错误呢？若不是，能否也列出一些直接记录不是昆明孙髯撰，而由曲靖孙璚写昆明大观楼长联的史料，以便让二位先生的新说得以成立，广大读者也可开开眼界，更正传统的“错误”认识？

（本文原载《云南文史丛刊》2000年第四期。）

诗名满昆华的李于阳

李于阳是清代嘉庆、道光年间的云南著名诗人。他的同学戴炯孙认为当时的诗人中无人能“出即园右”，“即园诗惊采绝艳，奇气横溢，于唐人中自当与玉溪生（李商隐）杜樊川（杜牧）抗行”[1]。李于阳的老师刘大绅称其“春风独据吟诗坛，一时声名走万里”[2]。对这样一位有才气、有影响的诗人，试作如下简介。

一

李于阳（1784—1826年），始名鳌，字占亭，号即园。

[1] 戴炯孙:《王鲍生孝廉、李即园名经传》，见《味雪斋文钞》甲集卷九，第7—10页。亦见《蓝尾轩诗稿》卷首。

[2] 刘大绅:《寄庵诗钞》续附卷五，第13页。庚辰《书·即园近诗后》。

生于大理，长于昆明。李于阳先世为太和（今大理）人，三世以农耕为生，至其父李元章迁居昆明，时李于阳仅两岁。即园的居所在“会城西北隅”，“居室之东有隙地数亩，种花莳竹，颜之曰‘即园’”[1]。园中种植的树木花卉繁多，有松、竹、柏、梨、桃、海棠、石榴、金银花、水仙花、蔷薇花、绣球花、兰花、菊花、牡丹花、芍药花、金凤花、玉兰花、素馨花、鸡冠花，还有梅花、山茶花、杜鹃花等等数十种。他在园中劳作、读书，在园中会友，时常以各种名花赠友。他邀约朋友，在园中品茶赏花，喝酒弈棋。于阳与花木为友，日久情浓，“闭户人与花，宾主两莫逆”[2]。不仅平时写了许多咏花木的诗，还集中写了《即园四十韵》，将园中的主要花木逐一作了歌吟。

于阳幼时父母寄予厚望：“愿儿显志扬，厕身青与紫。望儿树功勋，垂名书与史。”[3]十岁进私塾，读书习作。稍后师从昆明钱丕堂（懋龄）习举子业，见其案头有刚刻印不久的《滇南诗略》，借读后觉得爱不释手，

[1] 戴炯孙：《王匏生孝廉、李即园名经传》，见《味雪斋文钞》甲集卷九，第7—10页。亦见《蓝尾轩诗稿》卷首。

[2] 丙子《生日述怀》之二、七，见《即园诗钞》卷七。

[3] 同上。

遂模仿其句调写诗，久而不厌，从此走上了诗歌创作的道路。嘉庆癸酉（1813年），刘大绅主讲五华书院，对李于阳的才气颇为赏识。刘大绅为鼓励学生，将太和李即园（于阳）、云州杨丹山（国翰）、呈贡戴古村（淳）、昆明戴云帆（炯孙）、楚雄池龠庭（生春）等五人的诗选录刊刻，名为《五华五子诗钞》，他还亲自作序，对五位学生的诗分别予以评介。他说："五子诗不袭一家。即园古直苍凉，语多激愤，而凄楚悱恻，闻之者悟。"[1]从此，五华五子之名渐为人知。李于阳对此十分感激："何如夫子恩，使我姓名扬；恩如华山高，感如昆水长。"[2]刘大绅常带领他的学生登螺峰，上太华，观唐梅，看山茶，一起作诗，一起切磋，亦师亦友，相处融洽，留下了同一题目的许多诗章。李于阳的诗艺也因此大进。

嘉庆己卯（1819年），林则徐来云南主持乡试，五华五子中杨国翰、池生春、戴炯孙均考中举人，李于阳列入副榜。戴淳则无意仕进，未参与考试。应试"四子"全部考取，这在当时传为美谈。林则徐属官秦琴山为

[1] 刘大绅：《五华五子诗钞序》《寄庵文钞》续卷一，第25—26页。

[2] 丙子《生日述怀》之二、七，见《即园诗钞》卷七。

绘《五芝图》：山岩前出四朵灵芝，岩后还隐藏着一朵，形象地描绘了“五子”的际遇。此后杨国翰于嘉庆庚辰（1820年）、池生春于道光癸未（1823年）、戴炯孙于道光己丑（1829年）先后考中进士。李于阳则屡试屡挫，止于副贡。在封建社会，知识分子通过科举做了官，有了一定经济收入和政治地位，生活也就较为宽裕了。而科举不顺，又无其他特长谋生的知识分子，生活往往较为艰难，情绪也较为低沉。李于阳正是属于后者。大约在道光元年（1821年）以后，由于思想苦闷，步入扶乩请仙的泥淖而不能自拔。朋友们对他开玩笑说：“即园不可一世之慨，乃竟欲弃绝人而昵鬼神邪！”[1]道光六年丙戌（1826年），李于阳病逝于昆明，年仅四十三岁。

李于阳的诗，生前所刻总汇为《即园诗钞》，收录他自嘉庆七年癸亥（1802年）至道光元年（1821年）十九年间创作的诗，以编年兼分类的形式，分为十五卷：卷一（癸亥至丁卯）《留删草》、卷二（戊辰）《游子吟》、卷三（己巳至辛未）《咏花人草》、卷四（壬申至甲戌）

[1] 戴炯孙：《王匏生孝廉、李即园名经传》，见《味雪斋文钞》甲集卷九，第7—10页。亦见《蓝尾轩诗稿》卷首。

《半闲吟》、卷五（乙亥）《爱日吟》、卷六（丙子正月至六月）《紫云集》、卷七（丙子九月至腊月）《秋声录》、卷八（丁丑、戊寅）《味灯集》、卷九（戊寅）《续味灯集》、卷十《即园四十咏》、卷十一（庚辰）《苍华二集》（一）、卷十二（辛巳）《苍华二集》（二）、卷十三《浣香吟·拟尤西堂明史乐府》、卷十四（己卯）《新乐府·题桓台遗爱图》、卷十五（丙子）《情史百咏》。以上所列有两点值得注意：一是丙子（1816 年），李于阳存诗《紫云录》《秋声录》《情史百咏》等三卷，数量最多，而这一年他正为准备参加乡试习举子业而躲进紫云庵，但他痴迷于写诗，结果这一年的考试又失败了。可谓有得有失。二是道光元年（辛巳）以后至道光六年（丙戌）五年中，李于阳未见存诗，是否与他沉浸于扶乩请仙活动有关，不得而知。

二

李于阳虽在大理生活的时间较短，但感情颇深。他于嘉庆辛酉（1801 年）送其父灵柩归葬大理，八年后，即嘉庆戊辰（1808 年）还乡省墓，途中见闻、感触，多以诗记，集为一卷《游子吟》。他看苍山洱海分外亲切："山灵嚎作桑梓谈，山鸟飞报故人至；山上卧云颇解事，让出真山面目来。""待邀山灵欲话别"，山灵"酌我洞天一杯雪"（《登苍山观洱海作歌》）。他去祭扫祖坟，在父墓前表露心曲："菽水欢无望，蒸尝愿又违。三春游子泪，八载故乡归。荐食惭钟鼎，伤心忆草晖。白云回首处，片片陇头飞。""无限心酸事，陈情拭泪痕。诗书千卷守，风雨一庐存。健饭欣慈母，成人佑小孙。寒鸦声正急，再拜日黄昏。"（《展先大人墓》）从心灵深处喷涌而出对故乡、对亲人的思念，边抹泪，边泣诉，令人为之动容。他赴大理，母在昆明，"无限情牵彼此难"，只好互相传信"子慰亲心亲慰子"，对亲人体贴备至。

他离开故乡，时时记挂家乡的亲友。"天末难相见，愁怀渺渺予。全凭归去雁，为寄别来书。"（《寄家艺圃》）亲友书信至，他常掀起感情的波澜："关心两度赐平安，惆怅荆枝影不团。别久才怜相见好，情深转觉寄书难。弟兄远隔家千里，花月平分梦一栏。""作客久劳君扫墓，见书翻累我思乡"，"屈指哀宗人有几，望兄心比忆兄长"

(《寄家瑞园兄》)。有时很希望与相思中出现的亲人、影子“共作团圆话断肠”(《寄家瑞园兄》)。著名回族诗人沙琛(字雪湖)与李于阳同为大理籍，赴京途中路过昆明，以未及见于阳为憾。李于阳作诗为其送行:“故乡同住彩云边，廿载难叨一面缘。”“一卷点苍诗集在，声名横压大江南。”他对沙琛的问候，深表感激:“淑问何劳竟有公，半生吟苦感秋风。独怜呕得心头血，学赋高轩愧未工。”字里行间充溢着对乡友的深情。

他对大理的一些文物古迹、神话传说，有自己的思考。如对火把节的来源：农家执火照田祈丰年，民秉火炬迎诸葛，纪念慈善夫人，三说兼顾，而重点描写慈善夫人的机智坚贞。“立说皆成妙，执笔想当然”(《星回节怀古》)，感情的倾向，仍偏向大理。对苍山宏圣寺所立的禹碑的真伪，杨升庵释文的是否可信提出质疑：认为其碑“真赝果谁凭，考核无书记”，杨升庵的释文“附和犹儿戏”，并“寄言好古人，休入谈天类”。赞美故乡的山水，珍惜故乡亲情友谊，但对一些传说有自己的思考，对一些近人造的古董有自己的见地，不盲目附和。

三

李于阳生活在清嘉庆、道光间。昆明先是天花、鼠疫等传染病流行，死亡甚众。己巳年（1809 年）前后，“今年春及夏，哭声遍闾里。约计豆殇（死于天花）儿，数万犹未止”，有的家庭“两世一线绝”（《痘殇叹》）。“连年时疫遍乡关”，“百亩地埋千万家，一家人哭两三般。更惊防病似防贼，父病呼儿儿已匿。人声不敌鬼声多，到处啁啾哭月黑。如市豪门荆棘生，连云大厦鼠纵横”（《异热行》）。这一二年又逢天旱、异热，致使庄稼枯槁，谷物歉收，“去岁无收苦旱早，今岁将收又愁槁”，“四境愁闻米贵声”。当政者不体恤百姓之苦，“转瞬催粮悍吏来，天灾不已复人灾”（《祷雨叹》）。以致有人感到生的无望：“荒年性命贱，转觉生何必。”“搔首视长天，头上片云黑。”（《老农叹》）社会治安也出现许多问题：“强者更公行，客旅惊相扰。罹法死当然，性命同不保。”更有甚者：“几处煽血腥，争啖人肉好。”（《望雨》）令人触目惊心。

至丁丑、戊寅（1817—1818 年）间，昆明饥荒连年，百姓泣饥号寒，有的被逼卖儿卖女，有的母抱幼儿跳水，有的夫死妇跳井…… 目睹此惨景，李于阳一连写下《卖儿叹》《食粥叹》《苦饥行》《米贵行》《邻妇叹》《兵夫叹》等一系列充满现实主义精神的诗歌，再现了一幅幅悲惨的生活图景。如为救济饥民，官方开厂煮粥，乞者蜂拥而至，“少壮努力争向前，老弱举步愁颠绊”，“由晨至午始得食”，且“哀食粥不曾饱”，然而主持此事的官员乘机贪污：“胥吏将米出厂卖”（《食粥叹》）。又如，哀鸿遍野，“盗贼”群起，官军围剿，征兵、征粮、拉夫服役，羽檄飞传，当政者对百姓，动辄鞭挞，血肉淋漓。“兵往贼踪潜，兵来贼势逞。往来竭民力，白骨路旁冷。”（《兵夫叹》十首）离乱备觉安定好，作者殷切希望社会早日太平，“吾民各归家，手把锄与犁”（《兵夫叹》）。如此集中，如此突出地反映人民的痛苦，如此深入细致地表达人民的感情和愿望的诗篇，时人并不多见。对此，李于阳的老师刘大绅给予了很高的评价：“即园学日进，诗益富。《卖儿》《食粥》《苦饥》《米贵》《邻妇》《兵夫》诸作，置之三百篇（即《诗经》）中，当在变风、变雅之列。杜少陵（即杜甫）白香山（即白居易）一辈人，乃优为之，张（籍）、王（建）而下，恐未必办此也。”[1]从中可见，刘大绅将李于阳的这些诗与杜甫、白居易等描写民生疾苦的诗相提并论，其地位之高，自不待言。李于阳也借女史朱菊华之口，说：“长歌激烈写殷忧，悲悯情怀不自由。诗到怨时天亦老，一篇谱出一声秋。”（《题词》）此诗形象地道出这部分诗的内容（殷忧）格调（秋声）。

四

李于阳是重感情的人，他对师长、朋友的感情，多真挚而亲切。

王圣峰，是李于阳幼时的老师：“垂髫曾记拜须眉”，“交论两代父兼师”（《寄王圣峰先生》），王圣峰在李于阳成长的道路上是启蒙的良师。嘉庆丙子（1816年）王圣峰去世。李于阳有《哭王圣峰先生》三首。“问字情犹在，重逢愿已违。”“杖履寻秋梦，关心吊夕晖。可怜乘鹤去，不见碧鸡飞。”原注：“（圣峰）先生赠句有云：‘遥

[1] 刘大绅：《即园诗钞》序（二）。

从苍麓驰金马，自上华峰听碧鸡。'" 回想往日师生之谊，抒发长久离别的悲痛；回忆老师的赠诗，倍感亲切难忘。

刘大绅是李于阳在五华书院学习时的恩师、诗友。刘大绅常带弟子到昆明近郊游览，或到朋友家小聚，一起作诗，互相切磋。刘老师惜才、爱才，多方鼓励李于阳，把李于阳当成忘年交，与李于阳心心相印。"相印即相亲，文字甘骨肉"（《寄庵夫子赐和〈雨中有怀〉诗，矜宠特甚，赋此志愧并谢》）。嘉庆丙子（1816 年），李于阳三十三岁，他在《生日述怀》组诗中，回顾他与刘大绅的师生之谊："四载依绛帐，爱我容我狂。朋友激知己，私心铭肺肠。寒只赠我衣，饥只予我粮。何如夫了恩，使我姓名扬。恩如华山高，感如昆水长。"后来，他从杨丹山（名国翰）处见到刘大绅在山东新城为官时，当地人为歌颂刘大绅所作的《桓台遗爱图》二十幅，加深了对其师政绩的了解。他据图逐一作诗，充分肯定刘大绅勤政爱民、为民除弊，自甘清贫的品德，为后人全面了解刘大绅，提供了形象的资料。平时，师生间你来我往，互赠诗多达百余首。李于阳中年去世，刘大绅痛惜不已，不顾年迈，亲往坟山祭奠，为其撰祭文、墓志。

刘大绅与李于阳诚笃的师生之谊，为诗坛、教坛留下了一段佳话。

李于阳对他的学友、诗友谢石臞（琼）、王玉海（毓麟）、严秋槎（廷中）、杨丹山（国翰）、戴云帆（炯孙）、戴古村（淳）、钱芷汀（允济）、李艺圃、奚修亭、马子云等多有诗篇相赠。对朋友的日常生活与命运多关切，对朋友的诗作给予真诚的赞美，对朋友生病、遇难给予亲切的慰问。如，昆明谢琼（字石臞），李于阳与他为文友，“谊重文章交本淡”。谢赴宜良任教，他依依惜别，以诗相送；谢赴京会试下第，他以诗慰；谢在异乡，他写诗寄怀“诗写怀人声独苦，心悬知己梦应归”（《寄谢石臞》）；得石臞信，百感交集，因谢母已逝，难见母面；谢石臞自京城回，途中多艰：“病骨风中支万里，穷途光景话三年。怀中刺（名片）以行行灭，箧里诗犹卷卷编。方喜今宵重聚首，又将余恨惹缠绵。”（《喜谢石臞自都门归》）历经风霜，拖着病体，朋友终于回来了，诗篇也增加不少，喜；但会试落第，慈母病故，又带来无穷的遗恨。若不是深知朋友，怎能写出如此动人的诗篇。又如宜良诗人严廷中（1795—1864 年），李于阳对其诗才十分欣赏，相见时对他敞开心扉：“久别今番慰梦魂，深宵听雨坐黄昏。家常话到辛酸处，绛蜡愁多触泪痕。”(《喜晤严秋槎兼题及瘦红集》)“蕴借风怀迥不群，翻然访我趁斜曛。未曾青眼酬知己，却被梅花认得君。”“白描手笔善传神，写就红楼旖旎春。一曲歌终双泪尽，前生原是葬花人。”(《赠严秋槎》)对其个性及诗歌的特色，有较准确的评价，不愧是知己。再如对他的同窗戴炯孙（云帆），以家乡的历史人物为题，写了十首诗，李于阳逐题相和，同中有异，贯串了对先贤的景仰之情。戴炯孙北上应试，李于阳听到一些“疑谤”，寄诗以慰：“云帆磊落才，少年卜大器。单寒自勤学，诗文萃六艺。公卿争怜惜，姓名众中异。声华启疑谤，乃触人世忌。我独窥君心，常悲篱下寄。得志须奋扬，英雄孰短气。”(《春夜怀北上诸友》)能“窥君心”，为友排“疑谤”，非挚友谁能为？

李于阳对前辈杨一清、杨慎、孙髯、师范、钱沣等都有较出色的描绘，对他们的作品、人品、官品给予很高的评价；对百姓中的机智勇敢，巧斗歹徒的妇女，也给予热情的赞扬。

五

李于阳的诗歌创作，还有两组值得一提的作品，一是他假借“女史朱菊华瓣香”赠诗，题词，自己则和诗酬谢，如《过湖亭有怀瓣香》、《和瓣香女史见赠之作即次原韵》（四首）、《和瓣香咏菊之作》、《瓣香为作诗钞题词赋此致谢》等。

这朱菊华何许人也？据李于阳《商山鸾影题词》（即为陈圆圆的肖像题词）四首，其三：“人间天上总相关，月夜归来响佩环。莫向春风题旧事，迷离烟树认商山。”其四：“茫茫咫尺即天涯，油壁欲攀前度车。莫问清溪诸妹妹，芙蓉江畔小姑家。”（自注：谓瓣香诸人）。由此可知：瓣香当为陈圆圆年轻时的伙伴。若以吴三桂政权覆亡的1681年算起，至李于阳作诗的道光辛巳年（1821年），已140年。李于阳借“瓣香”之口，为自己的诗集题词，自己亦煞有介事地与其唱和，表示酬谢。目的只是借“狂”“疯”来抒发自己的情感罢了。试看，李于阳借“和瓣香”写自己的爱好：“来想珊珊几度迟，多情难爱玉溪诗。彩毫婉转书花叶，翠袖零丁倚竹枝。”

（《和瓣香女史见赠之作即次原韵》四首之二）玉溪，即玉溪生，是唐代诗人李商隐的号，他以“无题”为名的爱情诗脍炙人口，传颂不绝。其深情绵邈、绮丽精工的独特诗风，模仿者不绝，李于阳的后期也深深爱上李商隐的诗。又如，李于阳借“和瓣香”写心曲，“酿成佳色满篱鲜，独向西风阅岁年。花纵有香终觉淡，人如得酒便为仙。残枝写照何同瘦，傲骨争名不受怜。自是天心珍晚节，芳怀吟罢倍缠绵”（《和瓣香咏菊之作》）。这分明是以菊自况，写其身世、思想和志向，何曾有半点“疯”“癫”！他内心深处的苦闷，在此之前已有表现：“廿载疏狂廿载憨，半生冷落亦何堪。算来青眼曾消受，除却仙裙只二三。”“玉简金环事幻真，情天恨海总伤神。生平热血酬知己，不在英雄定美人。”（《菊骨》）李于阳的“冷落”感，可能来自十余次参加乡试均名落孙山，始终未考中举人，无法赴京会试，一游大江南北。与他一起读书的“五华五子”池生春、杨国翰、戴炯孙先后考中进士，在官场一展身手；未参加考试的戴淳，亦以拔贡之名，进京会试。而李于阳无人举荐，“半生冷落”。只有幻想中的“仙裙”才对自己青眼关爱，感到几分温暖，这种心态，似不难理解。

李于阳另一组有争议的作品，是《情史百咏》。他在自序中说："余最喜读詹詹氏《情史》……因课余爰择各类中助我观感者，得百事，事各咏以七言绝句一。"其友人见后告诉他：考试读书，宜读正史，此为杂书；"男女之情，学者讳言"，"《情史》一书非圣无法"，"大雅所不屑争耳"，你不仅读，且写诗歌咏，"恐召攻不免也"。然而李于阳对此却另有看法："君子之道，造端夫妇"，"自谓无情于男女者，殆真不情于君父者耳"。正视男女间美好之情，并将其推向君臣、父子之情，不必讳言男女之情。"不患有真小人，而患有伪君子者。今之学者哉，今之学者哉！"直接戳穿了某些人的虚伪面目，毅然写下了《情史百咏》，以炽热的感情，歌颂历史上追求纯真爱情的妇女，描写她们的各种命运，表现她们的各种思想，如罗敷、歌者妇、绿珠、朱葵、卓文君、红拂、饼师妇、小红、杜十娘、小青、霍小玉、祝英台，乃至望夫石、相思草等等。在当时对男女情爱讳莫如深、道学气氛弥漫的读书士人群中，敢于以诗歌作痛快淋漓的讴歌表现，是需要充分胆识的。这组诗重情而不诲淫，

“言贞者足劝，言邪者足惩”，自有其价值。若结合《情史》所记故事读，当更易了解李于阳对它的评价。

综上所述可知李于阳是清代嘉庆、道光年间云南很有才华、很有成就的诗人。其诗既能面对现实，表现人民的痛苦呼号；又能深入感情领域的某些敏感区，表现男女爱情的深挚忠贞；还能多侧面地表现乡情、友情、师生情。丰富的感情，富于表现力的语言，使他的诗有较强的艺术魅力。在“五华五子”中，李于阳和戴淳均以诗名世。就数量说，戴淳多，有四十余卷。以艺术魅力而言，李于阳强，故“诗名满昆华、苍洱间”[1]。

[1] 刘大绅：《李即园墓表》。

西双版纳文化片谈

多元文化悠久丰富

西双版纳地区的十余个世居民族，在长期的历史发展过程中都曾创造了自己的文化，各有光辉夺目的珍品。文化的多元化、多层次化是其主要的特点。

就其社会形态而言，1949 年以前，傣族是封建领主经济为主；哈尼族阶级分化还不明显，经济发展不平衡；基诺族、拉祜族、布朗族等还保留了原始的农村公社经济制度；克木人、补过人等属傣族土司的家奴寨。

就生产方式而言，傣族以稻作农耕为主，有较好的水利灌溉系统和水利分配制度；哈尼族以轮歇游耕的山地农业为主；布朗族、拉祜族、基诺族则以刀耕火种、轮歇游耕、广种薄收的生产方式为主。同为农耕民族，耕作方式不一；同一民族发展也不平衡，如拉祜族的支系苦聪人，处于半定居半迁徙状态，农耕不足食，靠采集和狩猎来补充，直到1965年才从深山老林迁出，定居了河谷平地，经济生活有了明显的改变(《勐腊县志》，第114页)。

西双版纳世居的民族都有自己的语言，傣族、哈尼族、基诺族等分属汉藏语支系壮侗语族、藏缅语族彝语支；佤语、布朗语、克木语属南亚语系孟高棉语支。傣族有文字，有丰富的傣文典籍；哈尼族、基诺族、克木人等无文字靠刻木结绳记事。没有文字的民族，其历史文化，主要靠口头承传，将它融入史诗、民间传说故事中；傣族虽有文字，民间口头文学仍很多，因此，各民族的民间文学极为丰富多彩。

从宗教信仰看，各民族均有原始宗教，各有神祇：傣族、布朗族大多信仰南传上座部佛教，瑶族信仰道教，回族信仰伊斯兰教，一小部分傣族、哈尼族、基诺族信仰基督教。各民族都有自己的巫师、祭师，主持祭神、占卜等活动。其中不少人熟悉本民族的历史文化传统，了解各种祭祀仪程，有的还懂一些天文、医学等知识，对保存和传播本民族的文化起过一定的历史作用。保存在各民族中多种类、多层次的较为原始的宗教文化，具有较高的民族学、宗教学、文学、历史学等研究价值。

从传授知识途径看，早年，傣族、布朗族以入寺学习傣文及学习佛经为重点，以寺庙教育为主；其他民族则以言传身教的家庭教育为主。近代，新式学堂渐兴，逐渐发展，寺庙教育与学校教育彼此消长，长期共存。

西双版纳的民族文化是以傣族文化为主体的多民族文化。在诸多的宗教信仰中，以佛教和原始宗教为盛，尤以佛教的影响为大，宗教渗透到文化的各个领域，影响民族心理性格，规范人生礼仪。宗教与文化的关系十分紧密，是西双版纳民族文化的显著特征。近百年尤其是 1949 年以来，一批批西双版纳的各族各界人士出去学习、工作、考察；内地的各族人民也到西双版纳参观、调查、工作、定居，参与当地的建设和开发。由于民族文化的双向交流，各民族间的了解日益深入，西双版纳少数民族文化的丰富性、独特性，渐为国内外人士所知，普遍受到赞誉，而汉文化亦广为各族人民所接受，形成了多民族文化共存共荣，以汉文化为主导的新格局。这是时代发展的趋势。

南传佛教　众民信仰

南传上座部佛教，又称为小乘佛教。它是佛教的一个派别。佛教起源于公元前 6—前 5 世纪的古代印度。其创始人释迦牟尼于公元前 485 年涅槃后，其教徒因理解、阐述佛教教义的观点不同，而分裂成为大乘和小乘佛教。佛教通过不同的渠道传入中国，结合当时当地的情况，又形成不同的宗派。较为显著的是中原的禅宗、西藏的密宗，二者均为大乘佛教；小乘佛教仅为我国云南以傣族为主的少数民族地区所信仰，包括德宏州、临沧地区、思茅地区和西双版纳州的一部或全部。其中以西双版纳地区最为典型、集中。

“小乘”、“大乘”的“乘”，为乘载渡船之意。大乘，意为主张普度众生，能运载众多的人到达彼岸；小乘意为自我修行，达到彼岸。小乘，认为本派是前期佛教，即原始佛教，最接近释迦牟尼的本义，因而自称为“上座部佛教”。它从印度向南经斯里兰卡传到东南亚，又经泰国、缅甸传入中国，故全称为“南传上座部佛教”。在当地佛寺多称“缅寺”，塔亦多称“缅塔”。

佛教传入西双版纳具体的路线和时间，有多种说法，这里不作评介。据《西双版纳志 · 大事记》载：唐永徽二年（651 年），勐海城子大佛寺（瓦隆景）始建，671 年完成。天宝六年（747 年）修建勐海大佛寺（瓦隆勐）。又据傣文史料《担玛纳诠罗》(《佛陀之教史话》)记载，佛教由缅甸北部先传入大勐龙，经过数百年流播后，在勐龙曼英建“塔改”(勐龙曼广罕寺佛塔)，后在曼飞龙、曼景尖两地附近山上建立“塔糯”(曼飞龙塔)和“塔布兰”(黑塔)，再从曼伞到景洪。这时间和路线，大致符合实际。公元 1180 年，即宋淳熙七年帕雅真（旧译为叭真）建立地方政权“景陇金殿国”时，自称“至尊佛祖”，标志着当地佛教从民间走向统治阶层，是西双版纳佛教发展史上的一大转折。经过漫长的岁月，佛教渐为傣和布朗等民族接受，成为傣和布朗等民族几乎全民信仰的占主导地位的宗教。

南传上座部佛教的教派，据说有“摆坝派”即山林派和“摆孙派”即菜园派。传入之初，佛教与当地盛行的原始宗教进行了反复的长时期的斗争，百姓也不易接受。相传，在勐龙曼桂传经时，佛爷正在讲经之际，村民纷纷回村，并呼“龙尾”（快下）！佛爷生气，便指曼桂为“曼尾龙”。而佛爷在勐龙讲经时，有的去捕蟹捉鱼，有的老者虽去听，还带着小孩，颇不恭敬严肃（《西双版纳风物志》，第15—20页）。从这古老的传说中，多少可见僧侣初入西双版纳传播佛教并非一帆风顺。传教的僧人，也多住在山林中，他们教规较严，群众难以接受，今勐海县勐混乡北面山林中、还有“野和尚”的僧舍群一处。其后，一些传教者根据当地的风俗，放宽教规，入寺为僧学习者，大多数可还俗过常人生活，他们把寺建在村旁，便于与百姓接触，这一派被称为“摆孙派”即菜园派，此派成为盛行于西双版纳地区的教派。

南传上座部佛教的教义，主要有“四缔”（苦缔、集缔、灭缔、道缔），以苦缔为根本，“求之不得”为苦的根源。“求不得”之产生，为“五取蕴”（色、受、想、行、识与取相结合而产生的种种贪欲）。贪欲聚集，为集缔。灭了欲，就灭了苦，就是灭缔。灭苦的途径就是道，为道缔。修道灭欲，使人最后得到解脱。佛教的学说，渗透着因果报应、生死轮回的思想，认为人的行为、语言、思想皆分善恶，皆有报应，善有善报，恶有恶报。信佛并遵守戒律的人将有善报，反之则恶报；在生行恶，死后转为饿鬼、畜生或打入地狱，受到严惩；使部分在社会上处于弱势的群众有所期望，安于现状。

南传上座部佛教的教义中有二法不可违：一为佛法，二为王法。佛教在传播中与统治者关系密切，并借助统治者的权力加以推广。故西双版纳地区佛教的传播有两个特点：一是先自下而上，后自上而下，宗教在后期得到权势者的提倡和支持；二是在其传播地区在一定的历史时期具有全民性，对人民的经济、文化、思想等产生深刻而巨大的影响。

原始宗教　至今犹存

尽管傣族、布朗族几乎全民信仰佛教，但原始宗教的许多核心部分仍保存至今；哈尼、基诺、拉祜等未信佛教的民族，原始宗教的信仰保留得更加完整。原始宗教信仰是多层次、多元化民族文化的重要组成部分。

原始宗教发生时期较佛教早，大约在新石器时代已经存在，傣族等民族的先民最初崇拜的是自然物本身，在灵魂观念产生后，才崇拜想象中支配自然物的神灵：支配山的山神、支配水的水神（龙、龙王等）。随着时间推移，由重要自然物的“神”推及一般，成为“万物有灵”，为祈福消灾，沟通人与神灵的关系，祈祷和祭祀的仪式开始产生；巫师和祭师随之出现。

在傣族的神鬼观念中，与人们接近的是猎神、农神、寨神、勐神，属祖先崇拜系列。

猎神，名沙罗，据说是他从猛兽捕食中受到启发，然后学会狩猎，得以温饱，他又将狩猎技术传给大家。他活着的时候被人们尊为猎神。他去世后，人们出猎前、狩猎归来，都要祭祀他。

农神，称为叭桑木底，也是傣族先民中有威望的人。相传是他教会人们农耕种谷，建房定居，人们才过上安定的日子。据傣文史籍《叭桑木底传记》称：“叭”，是首领、王；“桑木底”是推选或委任之意；“叭桑木底”就是“推选之首领”。其实农耕、建房是人们无数代经验积累的结果，这位首领只是其中一位代表。

寨神，西双版纳傣族地区流传着一句俗话：“召狠歹兵帝娃拉狠，召勐歹兵帝娃拉勐。”直译为：“家长死当家神，寨子首领死当寨神，勐的首领死当勐神。”傣族传统观念认为没有家神不成家，没有寨神不成寨，没有勐神不成勐，有追本溯源，永记祖先恩泽。寨神、勐神互不隶属，寨神的来历与建寨有关，多半是最早的建寨人或是该范围内的杰出人物。每个寨都设有“伙帝拉曼”（寨神神宫），多数仅是 1 米许的一座象征性的“干栏”式的小楼，有的就古树干用 3 片木板搭成一“A”字神宫。除去对寨神的信仰外，傣族村寨还崇拜寨心，傣语称“宰曼”，每年祭寨神的同时还要祭寨心，它以埋在村子中央的一个木桩、柱石为象征，近年有的村寨在寨中央建一根短柱，上刻龙、孔雀等图案为象征。这寨心被认为是寨子的生命和灵魂，关系着村寨的人畜安全、人口的繁盛、农业的丰收。本寨成员远行，外寨人员迁入本寨居住，都必须祭寨心，意在取得神灵的认可。寨心对全寨成员有凝聚作用，祭祀在傣历 2、3 月（公历 12、1 月）举行，外村人不得参加。

勐神，傣语称之为“披勐”或“帝娃拉勐”，“勐”意为一片地方，“召勐”为管理一片地方的王，“勐神”，最初是部落神，是该部落著名的头领或该地的杰出人物，他死后被尊为神。有的“勐”是由一个村寨分别建立若干新寨而形成的，“老”村寨的寨神也就可能成为勐神。家神、寨神、勐神，反映了傣族早期社会的家庭、氏族公社、部落组织的痕迹，从原始公社流传至今，源远流长，影响深远。据说，曼养等五寨祭祀的披勐召法（大天王神），是传说中最早来西双版纳建勐的首领叭拉阿武。景真和勐遮两个勐合祭的披勐真悍，传说是古代阵亡的一位将军，也有人说他就是西双版纳的第一代统治者叭真。傣语称祭祀为“灵”，“灵披勐”（祭勐神），是全勐一项重要的公共事务。一般是一年一次，但也有三四年甚至九年才举行的。祭祀时间多在谷熟入仓的季节，约公历 11 月。据说，景洪召片领所在地祭勐神的活动最频繁，每年由波摩勐和议事庭官员代表召片领率全勐官民代表，对陇南山的大勐神阿腊娃嘎梭纳祭祀三次。傣历“八月求雨，一月求晴”，11 月又是年例大祭。祭祀仪式隆重，规模大，祭品也要求完好、整洁，景洪祭陇南大勐神，最初要用白象做牺牲，白象没有了，用白水牛、白猪、白鸡、白鸭、白鹅。有的地方祭祀要求用黑牛、黑鸡、黑鸭。届时，各勐依例“关勐门”，用竹枝、竹桃、草绳等作标记，示意非本勐的人不得进入，包括传教僧侣也不能进入。祭祀者与勐神一起共餐，祭神食品全部吃完，不准带回家。一则显示勐神的崇高，也显示了它的地域性和原始性。

哈尼（爱尼）族，在万物有灵的基础上，对和生活有重要关系的寨门、水井、歌场、秋千、土地、坟山、寨神树等的神，都要祭祀。在重要节日嘎汤帕节、耶苦扎节都要祭祖。对建立寨门特别重视，凡建新寨要祭祖。把寨门（一般 2—3 道，其中一道为主寨门），作为人鬼分界线。寨门上挂松枝、梭镖、木枪、木刀，门柱上画（刻）虎、孔雀、鸟、鹰等。据说，寨门能将灾祸、鬼魂挡于门外。每年人们都要捧着猪头等到寨门祭献。平时，不准在寨门周围吵闹打架、谈情说爱，非正常死亡者不准抬进寨门。寨子内出现重大灾害或不祥征兆要换寨门。

基诺族，相信万物有灵，集体举行的宗教祭祀活动主要有祭寨神、祭火神、祭天神、祭地神。其祭天神、地神时间为每年农历五月二十日，祭品为猪、鸡黑白各1只，肉、饭各2包，在祭天神处立1米多高竹筒，筒中放祭品，筒外捆猪、鸡头。主祭者对竹筒祷告，磕头、撒米，祈求天神保佑。此外还重视始祖阿嫫腰北的祭祀，相传基诺族的祖先是洪水退后从大鼓中走出来的，故祭祖时要跳大鼓舞。

布朗族，最崇敬的神灵有寨神、火神、树神等。其祖先崇拜的氏族长帝娃布（女性）、帝娃拉（男性），后来转变成各村社共同崇拜的寨神“帝娃拉曼”，这与农村公社时期由各氏族的人共同推举村社的头人的历史发展进程是一致的。

由于族源不同，社会发展的阶段各异，西双版纳各民族的原始宗教崇拜，在神祇、祭祀方式等等方面各具特点，其间所保存的内容多具古代百越文化的遗风，是最富于个性的原始宗教文化，对民族文化研究有较高的价值，对旅游者有较强的吸引力。保护、发掘、展示这些独特的文化，将对民族地区经济文化发展产生良好的效益。

还应该提及的是少数民族原始宗教的承传者巫师、

祭师。傣族称巫师为"摩"(男巫师)、"乜摩"(女巫师),意为"智者之父"、"智者之母",主管叫魂驱鬼,占卜凶吉;祭师无女性,由男性承担,称"波摩曼"(村寨智者之父)、"波摩勐"(全勐智者之父),主持祭寨神、勐神的活动。哈尼族的祭师称为"追玛"(寨主),巫师称"贝玛"(祭师兼巫师)、"尼帕"(女巫)。基诺族称祭师为"莫丕"(继承传统文化的人),巫师称"白蜡泡"。拉祜族的祭师,称"磨八"(与鬼神打交道的人)。布朗族的巫师称为"波么"(男性)、"雅么"(女性)等。名目各异,实质相近,祭师主管原始宗教有关的各类祭祀仪式;巫师多管占卜驱鬼。有的二者兼而有之。有的民族祭师地位较高,有的民族巫师本领较大。据说,基诺族"白腊泡的巫术高于莫丕,有其独特的占术。这两种巫师不仅熟悉原始宗教活动而且往往巫医并行,兼用草药治病,他们既熟知本民族的历史文化,又是本民族中著名的歌手,即长篇史诗的传播者。因此,在没有文字的原始社会,基诺族巫师实际上成了本民族文化的继承人和传播者,在基诺族农村公社中发挥着重要的作用"。又如拉祜族的磨八"知识面广,熟悉历史神话传说,草医学和祭典祭祀，熟练掌握和背诵祭祀种种鬼神的仪式和多种内容不同的经文、祈祷词、咒语，掌握多种占卜的技术和解释种种占卜的结果、凶吉等。他们不是世袭制，……而是通过耳濡目染积累由祭小鬼到祭大鬼的知识，逐步被公认为巫师”(《景洪县志》，第1100、1103页)。辩证地看待这部分祭师、巫师，发挥其在民族文化承传方面的作用，将他们掌握的各种仪式和方法、知识记录下来，这是一笔宝贵的民族文化遗产。

寺庙学堂　彼此消长

教育是一个民族继承和发展文化、促进社会经济进步的基本手段。西双版纳的教育约可分为家庭教育、寺庙教育和现代学校教育三类。三者互相联系、互相补充。其中寺庙教育与学校教育的互相消长，又构成了西双版纳教育发展的特殊历史。

家庭是社会的细胞，是人类繁衍生息的基本群体，也是文化承传的基本单位。西双版纳以傣族为代表的各少数民族，很早就进入了一夫一妻制家庭阶段，其村寨多为家族扩展而成；有的尚处于原始氏族公社时期，家庭教育与社会教育密不可分。教育方式，是言传身教、耳濡目染；教育内容极为广泛，思想道德、为人处世，生产生活的基本技能和知识，社会关系、民族交往等都包含在其中。从教育周期上看，从小孩到成人乃至终生都接受前辈的指点。良好的家庭教育，是个人顺利成长、家庭发达兴旺、村寨民族繁荣昌盛的重要条件。

上座部佛教传入，傣泐文字出现，封建政权和村寨组织相结合，政权和教权相互支持，佛教对傣族社会产生全方位的影响。在近代学校教育未出现前，寺庙既是布道讲经培养僧侣的场所，又是傣族文化的重要传承场所。一般的男子七八岁时，都要进入佛寺当和尚，诵读经书，学习教义教规，学习傣文及民族历史、传统道德、人生哲理。到十五六岁还俗到社会上，此时，他已经是佛教信徒，并有初级文化知识。这样才成为一个受过教育的“熟人”，为社会所接受。若不愿还俗，可继续在佛寺为僧。僧侣普遍受到人们的敬重。“女子例不许入寺为学，可请人到家授傣泐文，或由父兄亲授。”占人口一半的妇女大多没有受教育的机会，是寺庙教育的缺陷之一。在人生的青少年时代，世界观形成时期，接受宗教教育，对人的一生都会产生极为深刻的影响，对其历史观、道德观、价值观，产生深入持久的作用，支配着人们的社会言行。在寺庙教育中典籍习诵与礼仪实践相结合，教义经文从语言上加以规劝引导，宗教仪式从行为上进行示范；生产生活中也伴以许多宗教仪式和祈祷，因而宗教渗透到社会生活的各个方面，影响着人的思想性格。仅以道德观为例，傣族在劳动中注重协作与互助，“一家盖新房，全寨来帮忙”；在家庭关系中尊老爱幼，夫妻要避免“两相顶，常相撞”，要互敬互爱；在社会习俗中，行走于道，见到僧侣、老人、头人让道于下方；上钟楼脱鞋，尊敬主人；进寺庙脱鞋，尊敬佛祖；从人前过，提裙裤弯腰蹑行，并说“对不起”；在社会行为中讲信义、诚实、报恩、解怨；在宗教行为中敬佛行善，广积功德，如此等等。有的村寨还有乡规民约，一般都能得到自觉遵守。在早年傣族及其他少数民族村寨，多为夜不闭户，路不拾遗；出门劳动，门不上锁；村寨内、村寨间和睦相处，民族之间亦互尊重。这与全民信教、世代进行传统道德教育有关，与有形无形的人神共同监督机制有关，寺庙教育曾经有过它不可磨灭的历史功绩。

长期的佛寺教育，使印缅文化对版纳的影响甚于中原文化的影响，内地的义学、书院、科举等清代以前在西双版纳地区未曾实行。待普洱茶声誉鹊起，大批内地人到西双版纳地区经商后，清代乾隆二年（1737 年）于九龙江，现景洪设义学一馆，乾隆五十三年（1788 年）被拨入思茅玉屏书院。嘉庆年间有人在易武开办私塾，但也仅局限于汉族的圈子里。西双版纳地区真正的学校教育，始于民国初年（1912 年），思普沿边行政总局局长柯树勋“于车里建设学堂一所，收聪颖子弟三四十人，入堂诵习汉字”，后有人在学生中征兵服役，边民恐惧。民国二十年，县长徐世锜先后于车里“成立小学十一校，有男女学生 380 余人，并筹设乡村师范预备班。……并保证学生绝不致被强迫服兵役，力改夷族畏入汉文学校之风气。惜徐氏他调之后，继任乏人，不能萧规曹随。佛海教育，人民向政府力争得教（育经）费独立，在民国二十三、二十四年间，得扩充国民学校及短期小学至十四校，有男女学生 1100 多人。……十二版纳之小学教育在民国二十年至三十年之十年中，最为发达。各县有县立小学，全境在学人数，约三千余名”（李拂一:《十二版纳志》，第178—180页）。后因日军入侵，居民逃散，多数小学解体，至抗战胜利陆续恢复，但已大不如前。1936年，设立车里简易乡村师范学校1所，1941—1948年，曾在易武兴办初中和简易师范，因经费困窘和时局不稳而时停时办（《勐腊县志》，第590页）。1946年在车里宣慰街设公立“十二版纳中学”，设初中，招收82名学生，1948年停办（《景洪县志》，第819页）。

从1911年至1949年中，学校教育从无到有，艰辛开拓，进展缓慢。曾有一些村寨，“佛寺金碧辉煌，学校破破烂烂；佛门热热闹闹，学校冷冷清清”。原因很多，其中之一是民族歧视依然存在，民族平等未真正实行，据李拂一先生的分析“夷族反对并打击子弟进入汉文学校之真实原因，盖畏其传统文化，遭受破坏。今后办理边教，仍当尊重其固有之文化传统、风尚信仰。其原有之傣泐文，让其并行不悖，并予整理”（《十二版纳志》，第181页）。李拂一先先的愿望，在1949年后，特别是1953年西双版纳傣族自治州成立后得以真正实现。各民族在政治上一律平等，实行民族区域自治；建立了平等、团结、互助的新型民族关系，各民族的风俗习惯、传统文化受到尊重；各民族代表节日得到确定，民族语言文字继续广泛使用，并加以改进提高，运用更为便捷；人民政府把发展民族地区的学校教育放在重要位置，增拨经费，培养和充实师资，使教育逐步发展。结合少数民族地区的情况，或采用双语（汉语、少数民族语）教学，组织力量编写傣文教材；或部分学校采用“教教结合”即“学校教育与寺院传统教育结合，以学校教育为主”的形式办学。男童既是学生又是小和尚，上午在学校读书，下午到佛寺接受寺庙教育。学校教师认真执行民族政策，对办好学校，巩固入学率，发展民族教育起到积极作用（《勐腊县志》，第608页）；有的还专门办“和尚班”，放宽入学年龄，让没有接受过学校教育的和尚受补偿教育；有的办公费制民族班，或寄宿学校，学生的吃住穿由政府拨款包干。教育层次有幼儿教育、小学教育、中学中专教育、大专教育。学校数量、在校人数大增。以景洪县为例：1993年全县有小学367所，1044班，在校学生28019人，其中少数民族学生25047人。入学率 90.81%，巩固率 96.77%。普文、基诺等 8 个乡镇（全县为 13 个乡镇）普及了初等教育。全县 4 所县属中学（2 所完全中学，2 所初中），11 所乡镇初级中学，总计 124 个班，在校学生 5662 人，其中少数民族学生 4611 人（《景洪县志》，第 816—820 页）。又据 2000 年第五次人口普查，全州 6 岁以上人口 909208 人，受大学教育的人口 15498 人，占 1.7%，接受高中中专教育的人口为 6855 人，占 0.754%，接受初中教育的人口 183295 人，占 20.16%，接受小学教育的人口 462058 人，占 50.82%（《西双版纳报》，2001 年 6 月 1 日，第 6 版）。这几部分受过学校教育的人占成年人口的 80% 以上。也就是说占 80% 以上的人口识汉字，能说汉语。汉语汉文成为西双版纳各民族通用的最重要的语言文字之一。与此同时，傣语傣文，列进了小学课堂；寺庙教育仍然保存，学龄儿童在完成初等义务教育后，可自愿进寺学习；推行宗教信仰自由政策，宗教活动正常开展；各民族均享有学习、使用本民族语言文字的自由，政府还出资办了傣文报纸、出版傣文书籍，广播电视中有傣语节目；组织力量收集整理以贝叶经为代表的各族口头流传及书面留存的典籍，以汉文傣文对照的方式整理出版，大批少数民族人才茁壮成长，各族文化大放光彩。在学校教育迅速发展的同时，以傣族文化为代表的西双版纳各民族传统文化也得到了较大的发展，二者并存，互相促进。西双版纳地区各族人民的整体素质得到较大的提高。民族要走向现代化，民族文化要特色化。经济建设现代化，绝不能以牺牲民族传统文化为代价，已愈来愈成为各民族人民的共识。

（本文原载《云南文史》2002年第二期。）

西双版纳的佛寺和佛塔

佛寺建筑　遍布村寨

佛寺是供奉佛祖释迦牟尼之地，是佛教僧人研习佛经宣讲教义之所，是各地佛教信徒朝拜佛祖的殿堂。西双版纳的佛寺一般位于村寨附近，交通方便、林木葱郁、风景优美的位置；若有小山坡，能俯视四周，亦常为佛寺所选择的地址。

西双版纳的佛寺多为一组佛教建筑群，主要包括佛殿（傣语称“维罕”）、僧舍（“哄暖”）、鼓房（“贺腊滚”）、廊（“端欢”）、藏经堂（“哄坦”，有的在僧舍正堂）。戒堂，即布萨堂（“波苏”），中心佛寺以上的寺才有，为该片区佛爷集会念经、商议之所。有的还有两个供奉“寺神”和“方位神”的龛（“贺厅”）。较大的寺建有佛塔。通向佛寺的大门，设三孔，中门宽大，两侧门较窄。据说，左侧门为许愿门，为进寺朝拜之门；右侧门为还愿门，为出寺之门。中门为空门，是为入寺为僧者举行典礼时进寺之门。佛寺四周、大门前多植菩提、贝叶棕等与佛教有关的树木。景洪勐罕曼贡佛寺旁有一株高约 20 米、胸径约 1 米的菩提树，高大粗壮，树龄约千年。在勐罕阿巴彩寺北侧的菩提树，树龄亦有八九百年。

西双版纳上座部佛教的佛寺与内地大乘禅宗教的佛寺主要区别为：内地禅宗佛寺布局一般为山门——放生池——寺门（左青狮、右白象）、四大天王像——弥勒、韦陀殿——大雄宝殿——藏经阁三进院落。两侧为僧人习经生活之所，结构层次较多，有模仿宫廷建筑的痕迹。而西双版纳的佛寺结构层次较简，入寺门即见佛殿。大殿屋顶，亦多少带有傣族民居的风格。大乘佛教禅宗在佛寺中供奉的佛像甚多，如释迦牟尼旁有阿难、迦叶侍立，有的有文殊、普贤、观音、地藏、药王等菩萨，有的还有五百罗汉，名目众多。而上座部佛教的佛殿中只供释迦牟尼佛，佛像有大小、变化，但都是释迦牟尼佛祖的化身。大殿和佛寺墙壁上的图画，也都是“佛本生”故事，主题突出，不及其他，有利于加深佛祖在僧人及信徒心目中的印象，也许这更接近早期佛教的实际。

边疆傣族、布朗族几乎全民信仰佛教，十分虔诚，且勤于“赕佛”（向佛寺敬献财物）；常以村寨为单位，建佛寺，塑佛像，立佛塔，尽可能将它建得宏伟壮丽、金碧辉煌，成为村中最出色的建筑。佛寺佛塔虽常有毁坏倒塌，但多及时修复或重建，其经费，均由百姓捐献。赕佛，成为信徒的重要经济支出。佛寺，凝结着人民的血汗和智慧。

历史上西双版纳的佛寺有多少？未见完整准确的统计。但只要你走进傣族村寨，尤其是居民较多的村寨，即可见到佛寺、佛塔屹立于村寨旁，它们已成为傣族寨子特有风光的有机组成部分。据说“以前西双版纳有佛寺500多座”（《景洪市旅游资源》，第12页）。“1995年云南省边委的调查统计，仅大勐龙和景洪地区的陇西、陇栋、陇匡、景德就有佛寺127座。”（《景洪市志》，第1076页）1993年景洪县有佛寺196座（《景洪市志》，第1076页）；1949年勐海有佛寺268座，1990年有佛寺 246 座（《勐海县志》，第 744 页）；1959 年勐腊县有佛寺 88 座，1988 年勐腊县有佛寺 65 座（《勐腊县志》，第 608 页）。据此，在 1990 年前后全州佛寺在 500 座以上。佛教在传播过程中形成了佛寺的管理系统，佛寺分为四个等级，最高一级设于召片领（大土司）所在地的宣慰街，称“拉扎坦大总寺”，它是统辖全西双版纳的总佛寺，早年是西双版纳贵族拜佛的地方；第二级是总寺之下的各大勐土司所在地设立于十二版纳的“统扎坦总寺”和 36 个勐的总寺，它管辖各小勐所属中心佛寺；第三级是由 4 个以上村寨佛寺所组成的布萨堂佛寺，即中心佛寺，主持负责领导所属各村寨佛寺的重大宗教活动；第四级为一个村寨的佛寺。此外，还有拉扎坦大总寺直辖的若干“内佛寺”。此种管理制度 1949 年后才改变。僧侣的等级由低到高有三级，初入寺为“帕”（沙弥），20 岁后学习好的升“都”（比丘，有大小之分），30 岁以上学问好的升萨米（长老），40 岁才可晋升“祜巴”（长老）。极少数可升“桑卡拉扎”（僧王）；学识渊博、精通教义的人升“帕召祜”（活佛），至于“松列”召片领少年入寺才能当（继位后称“松列帕兵召”）。最高一级为松留阿嘎牟尼，在版纳佛教史上较少。桑卡拉扎及其以上为荣誉称号。据现有资料，景洪总佛寺名僧西利彭·祜巴勐（1898—1974年），1953年被推选为中国佛教协会副会长，1955年中国佛教协会晋升他为佛教僧侣的最高等级——松留阿嘎牟尼，曾率领中国佛教代表团于1955年10月参加在缅甸举行的第六次佛经结集大会和释迦牟尼涅槃2500周年的庆祝活动。1961年又随周恩来总理率领的中国政府代表团出访缅甸，增进了两国佛教徒和人民之间的相互了解和友谊。

大殿是佛寺的主体建筑，其中以两列平行柱体构成长方形支撑点，平行柱之间的梁架构成中堂架顶的本部。平行列柱外侧承接副梁，支撑偏厦。其上各蜀柱小梁构成的桁架，支撑屋顶。中部举架较高，屋面坡度较大。一般都高大宽敞，屋顶多层坡面，交错起落，造型别致，自成一种风格。以勐海的曼短佛寺及景洪西双版纳总佛寺为例：曼短佛寺座基高约1米，用石铺，稳实坚牢。佛寺长约20余米，宽约10米，分9间，每间之间有花瓶形方柱；由柱出龙枋斜撑屋檐横梁。柱间墙壁设有窗状方框，墙上有黄白绿色的浮雕。佛殿顶部覆瓦，其屋面分为上三层下三层，上三层呈人字形，中厦最高，两侧二三层依次渐低，各层瓦面多有交替；整个上三层两侧为五面体梯形结构；下三层亦中间凸起，两侧亦依次降低，而以两侧靠边的厦面最宽；佛殿横头，与底层厦面等高处均有偏厦，大殿顶部的下三层又呈一大的四面体，与傣族干栏式的民居建筑风格相近。整个屋面由22个板块组成，各板块的边缘又都呈弧形，屋角上翘，呈莲瓣盛开之势，颇具佛学的哲理，各层之间有高度不等的空隙，可以透气，以备大殿聚集众多信徒时不致气闷；各层之间、上三层和下三层之间厦面互有交替，以避刮风时飘雨入殿。大殿屋脊正中有小佛塔，整个屋面轻盈飞动，体现出较高的建筑工艺水平。现存的曼短佛寺大殿是傣历1104年（1742年）重建的，已有200多年历史，与内地佛殿多为人字形的两面厦屋顶相较，大异其趣，现已列入云南省重点文物保护单位。景洪西双版纳总佛寺大殿建筑屋顶风格与此相近，但将屋顶改为四层，上两层为人字形，下两层为四面体，整个屋顶由12个板块组成，各板块边缘弧形较小，屋角翘起飞动之势较弱，显得结构简练而稳重。景洪的曼阁佛寺，由

16 根直径 40 厘米、高约 8 米的红椿圆柱支撑一个傣式屋顶，寺檐有 6 只小象装点。梁柱和斗拱全用木头榫卯相接，不用一钉一铆。体量不大，却造型美观，自 1477 年（一说为 1598 年）建造以来，只小修过三次，约可窥见其结构的精密。现为州级文物保护单位。一般佛寺，屋顶为二层，上层人字形，下层四面体，约与民居相近，其体量大小、装修水平高低，与村寨的大小及富庶的程度相关。村寨富裕，有见识的人多，佛寺的规模大，建筑的质量高。

大殿内主要由佛座、僧座、经书台三部分组成。佛座有座基，高约 1—1.5 米不等，供释迦牟尼坐像，一寺一尊，不塑其他塑像。佛像多较高大，约 2—5 米不等，凡新塑一佛像都精心制作，涂为金身，有的需要 2—3 年才完成。佛台为亚字形须弥座，往往施彩贴金，镶嵌玻璃宝石。有的佛像斜披黄色袈裟（如橄榄坝曼孙曼佛寺），神态庄严。大殿左侧有佛爷讲经的法座，为举行赕佛、滴水、升沙弥（和尚）仪式时，僧侣为众人念经祝福的座台。佛像前供以鲜花灯烛及信徒们敬献的供品，两侧悬挂敬佛者献的花饰长幔，象征可以升天的天梯。殿内梁柱，常绘有龙凤、花卉等图案。殿壁多绘与佛教有关的佛本生故事，有的古拙，有的技艺精湛。如勐海勐遮曼宰龙寺壁画共7幅，内容为《拉布》故事、《西塔》（释迦牟尼成佛）故事、《召烘罕》、《召苏塔努》、《尼牙辛哈》、《苏密塔腊西》等故事。画面层次分明，立体感较强，夸张得当，线条流畅，画于1868年（傣历1230年），至今已130余年，为民间艺术的宝贵遗产，已列为州级保护文物（《勐海县志》，第282页）。

西双版纳的主要佛寺有景洪市的嘎栋曼广龙佛寺、允景洪西双版纳总佛寺、嘎洒曼湾佛寺、勐罕曼春满佛寺、勐罕曼法佛寺、勐罕阿巴彩佛寺、勐罕曼贡佛寺、勐罕曼么罕佛寺、景哈曼沙湾佛寺、小街曼康湾佛寺、小街曼汤佛寺、勐龙曼广罕佛寺、勐龙景龙佛寺、勐龙曼乃挖香勐佛寺、勐龙曼达赫佛寺。

勐腊县的勐仑曼着佛寺、勐仑曼梭醒佛寺、勐仑城子佛寺、勐仑曼打鸠佛寺、勐仑曼边寨佛寺、勐腊曼庄佛寺、勐腊大佛寺、象明曼底佛寺、象明曼赛大佛寺、尚勇磨歇佛寺。

勐海县的城子佛寺、曼迈佛寺、曼冷佛寺、曼短佛寺、东迈佛寺、曼垒大佛寺、章朗佛寺、曼烘佛寺、曼山布朗族佛寺、曼掌村佛寺、打洛城子中心佛寺、曼卡村佛寺、勐冈佛寺（布朗寨寺）、勐混中心佛寺、曼蚌佛寺、曼缅佛寺、新南冬村佛寺、新曼村佛寺（布朗寨佛寺）、曼拉闷大佛寺、大曼扁寺等。

另有勐混“山林派”（“野和尚”）僧房一组，位于勐混乡北面约 5 公里的山上，周围森林覆盖，该教派认为：在深山密林中修行，有利于弃恶从善修身养性。整个建筑群有和尚住房 11 间，每间约 5—6 平方米，每间相距约 30 米，围绕着一间约 30 平方米的中心议事厅。这些僧人管理着 500 亩森林，生态保持良好，僧舍周围插有“妇女不得入内”的牌子（《勐海旅游资源》，第 173 页）。

佛塔挺秀　辉映千秋

西双版纳的佛塔，常建在寺旁，寺与塔互相映衬，相得益彰，因寺与塔在一起，当地称为“塔寺”；有时，塔与寺分开，塔所在的位置往往是该村寨的最高点，赕塔时，拾级而上，有一种仰之弥高的感觉。佛塔矗立，辉映蓝天，成为村寨一道独特风景线。

佛塔源于印度，相传佛祖释迦牟尼涅槃后，他的弟子和信徒为纪念佛祖，将他的舍利子（火化时凝结物）、佛骨、佛牙、佛发等分成无数份，分别建塔珍藏。其形制为覆钵形，形同僧侣们用来化缘用的钵扣在地上，再插上一根他们云游四方传教时所拄的竹杖。覆钵的基座下有室，即为珍藏佛祖遗物的地方。佛教从不同路线传入中国后，佛塔这一建筑形式，也在中国兴起。由于佛教的派别不同，它传播的地区民风各异，因而塔的形式也大不相同。以云南来说，中原大宗佛乘禅教的塔，为多层阁楼式密檐塔，仿佛是加高了的阁楼，如大理三塔、昆明东、西寺塔，其风格与西安的大、小雁塔相近；藏式密宗佛塔，有磬锤塔，上圆下细，形同磬锤，如大姚白塔；也有金刚塔，覆钵形组塔，主塔高、四角有小塔，座基下有十字形门洞，人从其下经过即为礼佛，以官渡金刚塔为代表；而流行于德宏、西双版纳一带的佛塔，多为笋状塔，主塔周围有 6—12 座小塔，如春雨过后竹笋竞长，碧野挺秀，一派生机；还有葫芦形单塔，大小粗细不同的圆形巧妙组合，构成了令人驻足久观的艺术品。

随着塔的数量增多，佛塔内珍藏的物品亦起了变化，因佛祖的遗物有限，后建者难以“请”到，有的建塔者以佛像（金、银、玉石铸造或雕刻）、珍贵佛典、佛教法器或其他珍宝藏入其中。大理三塔 1980 年维修时，便发现了上述文物。西双版纳的塔，有的相传有佛祖的灵迹（脚印），有的相传有佛祖遗物，有的则以宝石或其他佛教物品藏于其中。相传有灵迹遗物的佛塔，朝拜者也多。

西双版纳的佛塔，由塔基、塔室、塔身、塔刹组成，上下贯通，浑然一体。塔身多为圆形，逐层内敛，呈葫芦状，下层四面建有佛龛，并有精美的浮雕、佛像或绘画。塔顶由逐级缩小相轮叠成，上有塔刹，塔刹多为金色，有的还有装饰物及风铃。有的塔刹金属杆直通塔底，既有装饰作用，又为避雷针。据说，佛塔各部分有佛教寓意：平面四边形基座象征佛的“诞生、成道、说法、涅槃”四相，亚字形十二边象征“无明、行、识、色、六外、触、受、爱、取、有、生、死”十二因缘。塔身的圆形意味着圆满、圆通、圆遍、圆融之意。涅槃就是圆寂，即进入“圆果”的境界；塔刹的相轮象征佛国，塔上装饰的华盖、花瓶、露盘之类均为圆形，意在追求圆满，“圆光”辉煌，完善神圣（参见《景洪市旅游资源》，第40页）。

西双版纳的塔不仅在造型上力求体现佛教的意蕴，而且信徒中至今还流传着许多关于塔与佛祖的传说，如曼飞龙塔、勐龙塔龙布兰（黑塔）都供奉着大过常人足印二三倍的佛祖灵迹，或称“仙人足迹”，一左一右，一前一后，彼此相距二三公里。信徒将“灵迹”涂成金黄色，建塔保护。又如历史上景洪著名的“九塔十二城”（“告庄西双景”）中的九塔：庄匡塔、庄莫塔、庄董塔、庄兴塔、庄冈塔、庄屹塔、庄列塔、庄桑塔、庄尖塔，相传分别藏佛祖骨殖、骨灰。九塔互相照应，无论走到哪座塔，都能看见其他八座，景洪王将“九塔”排在“五树六花二动物”之首，成为景洪的标志物之一（《景洪市旅游资源》，第40页）。勐海勐混景恩塔，初建时“塔底深与南开河河底相平，还埋着释迦牟尼的三根头发及珠宝”（《勐海县志》，第782页）；勐腊磨歇白塔“传说其中藏有佛祖释迦牟尼的头发，在东南亚一带知名度很大”（《勐腊旅游资源》）。

据历史考察，释迦牟尼未到过西双版纳一带传教，佛教进入这里距佛祖涅槃已逾千载，塔中珍藏品是什么有待研究。但从建筑造型艺术看，这些佛塔却有独特价值。它与早期的覆钵式佛塔相较，它由实用走向艺术，装饰艺术的意味较浓；与粗壮高大的藏式佛塔相较，西双版纳的佛塔多清秀挺拔，富于傣族的民族特征。就其色彩看，中原的佛塔多青灰、淡黄；而西双版纳的塔，以白塔、金塔为主，间有花塔（如勐腊曼醒佛塔，中部镶有三层彩色玻璃和小圆镜），色彩明丽，与绿树蓝天相映，诗情画意，流溢其间。从结构说，内地佛塔多为中空，有梯可曲折而上；西双版纳的佛塔，均为实心，四周有佛龛而无窗。

西双版纳的佛塔有多少，未见完整的统计数字，据说，1993 年景洪有佛塔 61 座（《景洪县志》，第 1077 页），勐腊县有 20 多座（《勐腊旅游资源》，第 55 页），勐海县的佛塔有 40 余座（《勐海旅游资源》，第 57 页），全州佛塔，约有 120 座。主要佛塔有：景洪市的普文白塔、嘎栋曼景代白塔、嘎洒宣慰街塔庄董塔、嘎洒宣慰街塔庄勐塔、嘎洒掌补白塔、嘎洒曼井保白塔、勐罕曼春满金塔、勐罕曼听白塔、勐罕曼桂彩塔、勐罕阿巴彩金塔、勐罕曼么罕白塔、景哈曼沙湾白塔、小街曼帕扎塔、小街塔庄改塔、小待曼养广白塔、小街曼亮伞塔、小街曼长白塔、勐龙曼纳白塔、勐龙曼龙扣塔、勐龙曼乃挖香勐塔、勐龙曼广罕寺塔、勐龙布兰塔（黑塔、塔龙布兰）、勐龙曼飞龙笋塔（白塔，塔糯庄龙、塔布兰）、勐龙曼纳塔庄纳、勐龙曼散佛塔。

勐腊县：勐仑曼梭醒佛塔、勐仑曼梭醒方形塔、勐仑城子村白塔、勐仑曼打鸠庄伞塔、勐腊布洛塔、勐腊曼崩铜塔、尚勇磨歇白塔。

勐海县：勐阿白塔、曼赛塔半勐、勐海塔岗南（水白塔）、勐邦塔弯旺、曼朗帕瓦塔、曼垒佛塔、曼恩塔、曼冷佛寺塔、勐遮大白塔、曼宰龙佛寺白塔、景真中心塔、东迈佛寺塔、阿勐塔（“阿”，傣语，意为“象牙”）、章朗佛寺双塔、曼蚌白塔、勐板塔贺掌（“塔贺掌”，傣语，意为大象头上的塔）、塔庄板塔、景恩塔、勐混曼怀白塔、曼养水塔、勐混河边小黄塔、曼囡白塔、新南冬村白塔（布朗寨回我佛塔）等。

西双版纳不仅塔的数量多，而且有一批在全国享有较高知名度的佛塔。如：

曼飞龙塔，位于景洪市南部勐龙镇曼飞龙村北约2公里的小山顶部，海拔718米。沿缓坡而上，远处即见塔群，耸立在绿树丛中，粉白中带青绿，似新笋冒出，笋身犹披白霜。走近一看，周围有八个小塔，围绕一主塔，塔本白色，但年一久，底部的色彩渐渐透出，略带青绿。当地傣族群众称它为“塔糯”即笋塔，或叫“白塔”。塔基高约4米，分为上中下三部分，下部台基四周有16个莲花柱。塔基外层涂有黄绿红白四种颜色的横带，基座周长约42米，基座之上部分主塔高约12.3米，连塔基座通高16.3米，八小塔高5米。主塔与小塔高的比例为2.4∶1，每个小塔的塔座都有外延屋脊形小佛龛，高0.8米。佛龛里有一尊佛像。佛龛内壁上排列着众多的小型佛浮雕。佛龛正脊上装有龙凤、孔雀等陶塑，佛龛券门沿面有花草、云纹装饰。主塔有四个佛龛，比小塔的装饰更华丽。主塔和小塔均为多级葫芦形，层与层之间有仰莲浮雕，似莲花相托。塔身有环状莲瓣立雕。塔尖为三段葫芦形宝瓶，瓶上插银色的刹杆，刹杆上装着华盖风铃。主塔的华盖为五层，小塔的华盖为三层。塔的南部有一洞，内有一长约 0.9 米、宽 0.8 米的右足掌印，相传为释迦牟尼的“灵迹”。塔的北侧有经房，前有释迦牟尼立像，金身，高约 5 米；再北，有石塔，造型亦较别致。曼飞龙塔建于 1204 年，距今已近 800 年。设计者据说是三位印度僧人，主持修建者为大勐龙高僧祜巴南比。

与曼飞龙塔遥遥相对的勐龙布兰塔（黑塔）位于勐龙镇南约 500 米的小山顶上，西北两侧有佛殿，呈“厂”字形。西侧殿后有一巨左足印，约与曼飞龙塔的足印相当，上建塔保护。布兰塔，“布兰”傣语意为爷与孙，即祖孙塔。相传佛祖在此传教时，有祖孙二人前往听经，深受启迪，后募建此塔，主塔高 27 米，呈六角形逐步向上收缩成圆形葫芦状塔顶。塔尖为高 2 米左右的金属杆，串形轮相华盖系有风铃，其基座分两层，一层为边长 18 米的平台；二层边长约 14 米，二层四角各有一莲花柱，柱底分别为龟、蛇、孔雀、蟹，二层四角各有一个 3 米高的葫芦状小塔，小塔有佛龛。主塔与小塔高度比例为 9：1，若以人相比，小塔（孙）仅及主塔（祖）之膝，是名副其实的“祖孙塔”。“孙塔”小而更衬托出

“祖塔”的高大雄伟。据说，此塔至今已有1000多年的历史（《景洪旅游资源》，第146页）。近年，信徒已将黑色的塔身涂成金色。

庄莫塔，位于景洪县嘎洒乡原宣慰使司署旧址东曼勒寨的小山顶上。傣语称“塔庄莫”，意为埋葬释迦牟尼前额骨的塔，因此该塔成为景洪“九城十二塔”中的首塔。据传，初建时仅高2米左右，现塔为傣历930年（1568年）重建的，该基座呈方形，四周有券门佛龛一座，塔身为覆钵形（或覆钟形），上部有10个椭圆形纹饰环绕，塔顶为葫芦状宝瓶、刹杆上串着七层华盖、塔尖为一莲花苞式宝珠，造型古朴美观，据说“是西双版纳唯一的一座保存较为完整的覆钟形塔”（《西双版纳文化志》，第460页）。

曼崩铜塔，位于勐腊县城南郊，距城中心约1公里的小山头上，始建于傣历1102年，即公元1740年（清乾隆五年），公元1752年重修时，裹以铜皮。塔座呈方形，塔身为圆锥形，主塔高约11米；四周有神龛，每座神龛内一尊佛像，均有卧龙守护；塔身绘有各种形态的飞禽走兽，塔刹上系铜铃，微风吹来，风铃响动，此起彼伏，悦耳动听，富于傣族建筑特色。“文革”中铜皮被破坏殆尽，幸塔体仍存。1983年信徒集资维修，无铜皮，仅以铜粉涂之。

随着历史的发展，塔的建筑形式和内涵有所变化及拓展，就数量来说，可分单塔、双塔、群塔；从外形上看，圆锥形（笋形）、方形、上圆下方，或多种组合并用，变化多端，各有特点；从内涵上看，初建者多为纪念佛祖，后来有所变化，如勐海曼赛塔半勐，位于南满河左岸，“半勐”为傣语，意为堵住坝子。相传建塔前土司算卦说：勐满不富，主要是财、福都顺着南满河流走了，选在坝子出口山丘顶部建塔，可以把财、福堵在坝子里。显然，这已是风水塔了（《勐海旅游资源》，第58页）。逐渐，傣族村寨的许多水井的井罩，也造成塔形，虽有建塔镇龙的意味，但更多的是装饰点缀了。近年在新建的高楼大厦上，亦时见以塔立于屋顶，其中以景洪市中心的都城屋项塔为巨，装饰堂皇，耀眼夺目。

（本文原载《云南文史丛刊》2001年第三—四期。）

后　记

1995年，我曾编《古滇文化思辨录》，由云南教育出版社于1997年出版。该书对云南古代的一些人物、作品，进行了初步探讨，其重点在明代文学。省内外学者对它垦荒性、实在性、学术价值等给予多方面的肯定和鼓励。此后，我又陆续编了一些书，写了一些云南古代文化的文章，现从中选出部分稿件，编辑成册，名曰《滇文化沉思录》。与前书相较，这部书对云南文化的综合研究，多于个体剖析；宏观的思考，多于微观的探讨；既有正面阐述己见，也有对某些缺失性问题的探讨，论事而不对人，是耶非耶，聊供参考。由于行文匆匆、学识浅陋，谬误之处，还望得到读者的批评指正。

余嘉华

2011年12月20日